시드피아

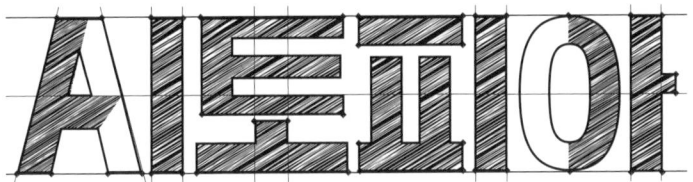

지금을 살아가기 위한
최소한의 AI 지식

KBS N 〈AI토피아〉 제작팀 지음

노르웨이숲

추천의 글

판별형에서 생성형을 지나, 이제 에이전틱 AI의 시대입니다. 사람의 정신노동 대부분을 대체하는 다양한 AI 모델들이 나오고 있습니다. 더불어 에이전틱 AI 표준화로 그 확장성과 수익성이 극대화되는 중입니다. 이에 따라 반도체와 전력이 많이 필요하게 됐고, 돈의 전쟁, 패권 경쟁이 치열하게 펼쳐지고 있습니다. 그리고 미래에는 피지컬 AI를 거쳐 AGI 시대가 도래할 것입니다. 문제는 이렇게 세상이 급변하고 있는 가운데, AI와 인간 사이의 소통 병목 현상이 일어나고 있다는 것입니다. AI는 빠르게 결과물을 주지만, 우리가 그것을 이해하고 판단하는 데 많은 시간이 걸리는 게 현실입니다. KBS N 〈AI토피아〉는 이 지점에서 의미가 있습니다. 다양한 AI 이슈들을 제기하는 이 책이 우리가 진정으로 AI를 이해하고 제어하며 AI와 협력할 수 있는 시발점이 됐으면 좋겠습니다.

- 한국과학기술원(KAIST) 전기 및 전자공학과 교수 김정호

AI는 더 이상 먼 미래의 이야기가 아닙니다. 이 책은 우리 일상생활에 이미 깊숙이 스며든 AI가 어디서 왔으며, 현재 우리에게 어떤 영향을 주고 있고, 앞으로 우리를 어디로 데려갈지에 대한 흐름을 파악할 수 있게 해 줍니다. 각 분야 전문가들이 다양한 시각으로 풀어낸 이야기들이 한 권에 담겨, AI라는 거대한 변화를 보다 깊고 균형 있게 이해할 수 있도록 돕습니다. AI 기술이 궁금한 독자나 AI가 가져올 미래가 궁금한 독자에게 이 책을 권합니다.

- 네이버 AI랩 소장 윤상두

KBS N 〈AI토피아〉의 첫 여정을 함께했던 출연자로서, 방송에서 나눴던 치열한 논의들이 한 권의 책으로 결실을 맺게 되어 감회가 새롭습니다.

저는 평소 AI가 단순한 도구가 아닌, 인간의 지적 능력을 확장하고 보완하는 '두 번째 지능'이라 믿어 왔습니다. 이 책은 바로 그 두 번째 지능이 우리의 일상과 노동, 나아가 인간의 본질을 어떻게 바꾸고 있는지를 날카롭게 파고든 기록입니다.

AI가 점점 더 많은 인간의 역할을 대신하는 시대, 역설적으로 우리에게 가장 절실한 질문은 "그렇다면 인간은 무엇을 해야 하는가?"입니다. 이 책은 그 불편한 질문을 정면으로 마주하며, 진정한 인간다움이 무엇인지를 탐색합니다. AI 시대를 어떻게 살아갈지 고민하는 독자라면, 꼭 이 책을 펼쳐보시기를 바랍니다.

– 인지과학자, 경희대 교수 김상균

들어가며

'2022년 11월 30일.'

오픈AI의 인공지능 챗봇 서비스, 챗GPT의 출시일입니다. 그로부터 지금까지 세상이 얼마나 바뀌었는지는 굳이 설명하지 않아도 이미 체감하고 계실 겁니다. 무언가 궁금한 게 생기면 이제 챗GPT나 구글의 제미나이부터 찾는 시대니까요. 또한 지금으로부터 다가올 미래는 상상하기 힘들 정도로 새로운 세계가 펼쳐질 거라고들 합니다. AI가 단순한 기술 혁신이 아닌, 산업혁명에 버금가는 경제·사회적 변곡점이 될 수 있다고 합니다. 제미나이를 만든 구글 딥마인드 CEO 데미스 하사비스처럼, 최전선에 있는 사람들은 이렇게 말하기도 합니다.

"AI의 영향력은 산업혁명보다 10배 빠르고, 10배 강력할 것입니다."

이처럼 AI가 없는 세상은 이제 상상할 수도, 돌아갈 수도 없습니다. 대AI 시대에 적응하는 걸 더 이상 미뤄서는 안 됩니다. 그런데 어떻게 적응해야 되는 걸까요? 답을 찾아 여러 뉴스와 영상을 찾아보지만, 그저 막막하기만 합니다. '누구 하나 명쾌하게 말해주는 사람이 없네', '그래서 어떻게 하라는 거지?' 아마 이런 생각들 하고 계실 겁니다. 이럴 때 슬며시 고개를 드는 게 바로 불안과 공포입니다. 'AI 시대 가장 먼저 사라질 직업들', '결국 인간은 대체되고, 빈부격차는 더 커진다!' 심지어 'AI, 이대로면 5년 안에 인류 멸망한다!?'까지. 이런 류의 콘텐츠들이 지금 이 순간에도 많이 소비되고 있는 건 그 방증이죠. 실제로 미국의 싱크탱크인 퓨 리서치 센터에 따르면, 미국 성인의 절반 이상이 일상생활에서의 AI 사용 증가에 대해 기대보다 걱정이 더 크다고 답했습니다. 반면 우려보다 기대가 더 크다고 답한 비율은 고작 10%에 불과했습니다. 사람들은 대체로 AI가 불러올 미래를 유토피아보다는 디스토피아로 보고 있는 셈이죠.

최근의 뉴스들을 보면, 이미 그 디스토피아가 도래한 것 같기도 합니다. 일론 머스크가 설립한 AI 기업 xAI의 챗봇 서비스 그록의 성적 이미지 생성 문제부터 AI가 만든 딥페이크 포르노, AI발 고용 한파로 인한 기업들의 대규모 감원 쓰나미 그리고 AI의 개인정보 무단 학습 문제까지. 이 정도면 소수의 몇몇 기업들과 기득권층을 제외한 대다수의 사람들은 AI 시대에 적응하기도 전에, '눈 떠보니 디스토피아' 세계를 맞이하지 않을까 두려운 마음이 드는 것도 사실입니다.

하지만 세상 모든 것에는 명(明)과 암(暗)이 있습니다. 암, 즉 부정적인 측면만 바라보면 불안과 공포만 커질 뿐입니다. 부정적인 측면이 있더라도 명, 긍정적인 측면이 더 크다면 해볼 만하지 않을까요? 더불어 어쩔 수 없이 발생하는 암을 최소화하고 명을 극대화할 수 있다면, 우리가 맞이할 미래는 디스토피아가 아니라 유토피아에 가깝지 않을까요? 사실 위에서 언급한 조사에 그 희망과 가능성이 담겨 있습니다. 앞서도 말했듯이 대중 대다수는 AI가 자신의 삶을 위협할 수 있다는 불안감을 느끼고 있습니다. 반면 같은 조사에서 전문가들은 AI가 미래를 긍정적으로 바꿀 것이라 믿는다고 답했습니다. 무려 전문가의 76%가 AI는 실질적으로 이득이 될 것이라 응답했고, 오직 15%만이 해로울 수 있다 판단했습니다. 전문가들에게 AI와 함께하는 미래는 디스토피아가 아닌 유토피아에 가깝다는 거죠. 무엇이 이 극명한 인식 차이를 만들었을까요?

위 조사에서 전문가 집단은 AI 연구자와 개발자들로 구성돼 있습니다. AI에 친숙하고 AI를 잘 아는 그들에게는 유토피아의 가능성이 보이는 겁니다. 실제로도 현재 AI는 의료, 교육, 재난 예측, 과학 연구 자동화 등 다양한 분야에서 혁신을 가능케 하고 있습니다. 단적으로 우리도 AI 활용으로 업무 효율화를 이루고 있지 않습니까? 더 큰 차원에서 보자면 단백질 구조 예측과 양자 컴퓨팅이라는 인류의 난제를 AI 기술을 활용해 해결한 구글이 2년 연속 노벨상 수상자를 배출한 건 다들 아실 겁니다. 지금의 발전 속도로 본다면 암 정복, 에너지 혁명 그리고 노동 해방은 더 이상 먼 미래의 일이 아닐지도 모릅니다. 이렇게만 된다면 그게 유토피아 아닐까요? 결국 핵심은 '앎'에 있습니다. 뭐든지 아는 만큼 보입니다. AI도 예외가 아닌 거죠.

그래서 전문가뿐 아니라 우리도 AI를 잘 알아야 합니다. 미래는 어떤 것도 정해져 있지 않습니다. AI 기술은 그 자체로 가치중립적이지 않습니다. 모두 우리 하기에 달려 있습니다. '모름'으로 인한 막연한 불안과 공포는 부정적인 측면만 키울 뿐입니다. AI의 긍정적인 측면을 잘 살려 활용함과 동시에, 정부·산업·학계 그리고 전 국민이 함께 노력하여 부정적인 측면을 줄여나간다면, 미래는 디스토피아가 아닌 유토피아일 것입니다.

〈AI토피아〉는 바로 이 지점에서 시작했습니다. 'AI토피아'는 'AI'

와 '유토피아'를 합친 말입니다. 저희 제작진을 포함해 전 국민의 AI 리터러시 향상으로 다 같이 유토피아를 향해 나아가자는 포부를 담아 지었습니다. 이를 위해 저희가 선택한 건 정공법이었습니다. AI 기술의 기본 원리와 작동 방식을 이해하고 이를 실생활과 업무에서 능숙하게 활용하는 역량, 그 역량 향상에 기여하는 것을 최우선 가치로 삼았습니다. 대중들의 막연한 불안과 공포를 건드려 손쉽게 시청률과 조회수를 얻는 길은 택하지 않았습니다. 다른 프로그램에서는 도입부에 짧게 설명하고 넘어갔을, AI의 기본 원리와 발전사 그리고 AI의 학습 방법을 첫 회에서 깊게 파고들어간 건 바로 그 이유였습니다. 물론 어렵고 복잡한 내용이지만 피하지 않았습니다. 다만 어려운 걸 그대로 어렵게 설명하기보다는 쉽게 해설하되 본질을 훼손하지 않는 선에서 전달하는 데에 온 노력을 기울였습니다. 이 치열한 고민의 결과가 지금의 〈AI토피아〉입니다.

AI 리터러시 향상의 완성은 이해를 기반으로 한 현실 적용에 있습니다. 그렇기에 학술적인 내용뿐 아니라, AI 최전선인 산업계의 내용도 많이 담으려 노력했습니다. 대AI 시대, 대한민국에 가장 큰 영향을 미치고 있는 반도체 산업, 특히 HBM을 두 번째 주제로 다뤘습니다. 단순히 특정 기업들의 성과를 논하는 것이 아닌, AI 시대 핵심 기술이자 그 영향에 대해서 말이죠. 그 외에도 뇌, 고용 시장, 로봇, 의료, 국방 그리고 예술까지. 가능한 한 AI의 손끝이 닿는 모든 분야를 담으려 노력했고, 지금도 그 노력을 이어가고 있습니다. 이 책도 그 일환의 하나고요.

이쯤에서 처음의 질문으로 돌아가보겠습니다. '대AI 시대, 우리는 어떻게 적응해야 하나.' 앞서 다른 이들이 하는 말에서 명쾌한 해답을 찾지 못한 건 어찌 보면 당연합니다. 한 사람 한 사람이 하나의 우주라는 말이 있듯이, 우리는 각자 다르기 때문입니다. 당연히 AI 시대 적응 방법도 다를 수밖에요. 그래서 우리가 알아야 할 건 남이 말하는 비기나 비법이 아닌, AI 그 자체입니다. 그렇게 AI를 이해하고 실생활에 적용해보며, 나만의 적응법을 만들어나가야 하는 거죠. 〈AI토피아〉는 대중의 한 사람으로서 저희 제작진 각자의 적응법을 위한 고군분투 여정이기도 합니다. 이 책을 고르시고 펼치신 여러분도 저희와 같은 생각일 거라 믿습니다. 저희와 함께 AI 유토피아, AI토피아로의 항해를 시작해보시죠.

최산 KBS N 〈AI토피아〉 담당 프로듀서

차례

추천의 글   004
들어가며   007

1부 AI가 뭐길래?

1장   AI는 무엇을 어떻게 배우는가?

AI 빙하기를 끝낸 학습 방식의 혁명   019
AI의 네 가지 공부법   022
배우는 AI, 어떻게 접근할까?   025
AI, 언젠가 의식까지 가질 수 있을까?   028

2장   빨리 알아듣는 똑똑한 AI 속 놀라운 반도체 HBM

AI 패권 시대, 우리의 무기는 HBM   033
1차선으로 가던 정보가 12차선으로 간다면   036
AI가 더 똑똑해진 이유   038
HBM, 앞으로 어떻게 발전할까?   041

| focus | 여러 가지 AI 반도체   047

2부 AI가 흔드는 인간

3장 인간을 조종하는 AI, 위로하는 AI

친구, 선생님, 연구자까지… 인간을 돕는 AI   055
잘못된 동조, 가스라이팅, 명령 거부… 인간을 위협하는 AI   060
AI, 어떻게 규제할 수 있을까?   064
AI가 우리에게 던지는 질문 : 법, 기술, 철학   068

4장 뇌를 외주 주는 인간들

AI는 인간의 뇌에 어떤 영향을 미칠까?   071
AI 때문에 달라지는 기억, 집중, 감정   074
AI의 발달로 더 중요해진 주의력, 창의성, 인간성   077
AI가 인간에게 던지는 질문, '인간다움이란 무엇인가?'   081

5장 가장 뜨거운 감자, AI와 예술 그리고 저작권

AI의 산출물, 그럴싸하다고 다 예술은 아니다   086
새로운 창작 도구의 등장인가, 기술의 침공인가   089
넓어지는 예술의 지평, 무엇을 가르쳐야 할까?   094
AI 예술 시대의 가장 뜨거운 감자, 노동과 저작권   098

3부 AI가 바꾸는 세상

6장 인간을 닮은 로봇, AI를 만나다

AI에게 몸이 생기다, 인간을 닮은 로봇 휴머노이드   107
왜 꼭 사람을 닮아야 할까?   110
인간이 휴머노이드의 이름을 불렀을 때   113
다가올 미래, 휴머노이드와 인간   117

| **focus** | 지금 우리 곁에 다가온 휴머노이드 로봇   122

7장 협력하는 AI, 전장의 드론에서 미래의 동료로

앞으로 AI에게 가장 필요한 것, 협력 지능   128
AI 에이전트가 역지사지를 배운다면   132
미사일 방어 보드게임으로 알아보는 에이전트의 협력   136
인간의 협력과 AI의 협력이 함께 갈 수 있도록   138

8장 위성 영상으로 산하의 지도를 읽는 AI

재난과 분쟁 속, 더 중요해지는 위성의 역할   142
위성의 영상은 어떻게 AI로 분석될까?   145
'모두의' 위성 데이터, 위험에 대비하고 미래를 준비하다   149
데이터, 공유와 교란 그리고 주권   154

9장 생성형 AI의 무한한 가능성을 찾아서

생성형 AI가 열어젖힌 다채로운 혁신의 문   157
과학과 의료 현장에서 대활약 중인 생성형 AI   160
AI가 시간을 배운다면? 과정을 설명할 수 있게 된 AI   163
생성형 AI의 발전으로 무엇이 달라질까?   166

4부 AI와 인간의 미래

10장 일하지 않아도 되는 시대, AI와 노동의 종말

노동의 종말일까, 노동의 해방일까   173
AI 시대에 인간에게 필요한 일곱 가지 역량   178
AI가 대체할 수 없는 인간만의 일이란?   181
새로운 사회 계약을 향하여   184

11장 AI 시대, '일잘러'가 되는 방법

AI 실행의 원년, '일잘러'의 기준은?   189
변화하는 일의 개념과 목적, 그리고 '인간만의 업무'   192
AI 에이전트를 쓰려면 AI 에이전트 보스가 되어야 한다   195
이것만 기억하면 내 AI도 초딩에서 똑똑한 팀원으로   197

12장 인간이 없는 미래, AGI의 도래

AI에서 AGI로의 시대로   203
AGI를 설명하는 세 가지 기능   206
AI의 디스토피아는 어떤 모습일까?   210
AGI와 인간 존재, 영원의 도입부를 상상하며   215

찾아보기   218
이미지 출처   222

AI가
뭐길래
?

1부

AI는 1장
무엇을 어떻게 배우는가?

AI(인공지능)는 무려 70년 동안 성장해왔습니다. 중간에 두 번의 침체기를 겪으며 AI 발전 속도가 크게 늦춰지기도 했지만, 최근 AI 기술이 놀라울 정도로 발전하면서 진짜 AI 전성기가 왔지요. 이제 AI는 인간의 상상력을 흉내 내고, 심지어 꿈까지 꾼다고 합니다. 도대체 AI란 무엇일까요? 그리고 어떻게 이런 역사를 거쳐 지금의 자리까지 오게 된 걸까요? 지금부터 AI의 역사와 본질을 함께 알아봅시다.

AI 빙하기를 끝낸
학습 방식의 혁명

사람처럼 생각하고 말하고 과제를 수행하는 AI. 오늘날 AI는 특별할 것 없는 일상의 한 부분이 되었습니다. 내가 찾는 정보를 검색해 정리해주거나 이메일을 대신 써주는 것은 물론 대화 상대가 되어주거나 바닥 청소를 해주기도 합니다. 사람들의 생활 속에서 이런 일들을 수행하고 있는 이 'AI'란 정확히 무엇일까요? 사전적 의미로 보았을 때, AI는 인간의 학습과 추론, 지각 능력 등을 인위적으로 구현한 컴퓨터 과학의 한 분야입니다. 최근 몇 년 동안 다양한 분야에서 급격히 발전해 존재감을 드러냈기에 AI가 이제 막 걸음마를 하는 어린아이처럼 보일 수도 있지만, 그 탄생 시점부터 따져보면 벌써 70세가 훌쩍 넘었습니다.

'계산을 하는 기계'인 컴퓨터가 발명되었을 때부터 태동하기 시작한 AI라는 개념은 1950년대에 이르러 구체화되었습니다. 제2차 세계대전 당시 독일군 암호를 해독해 영국을 구한 암호학자 앨런 튜링은 "기계가 계산만 하는 것이 아니라 스스로 생각할 수는 없을까?"라는 상상을 했고, 1950년 영국 학술지《마인드》에 발표한 〈계산 기계와 지능(Computing Machinery and Intelligence)〉이라는 논문에서 AI에 대한 아이디어와 그 시험 방식인 '튜링 테스트'의 개념을 제시했습니다. 인간과 기계가 대화할 수 있을지도 모른다는 이 발상에서 출발해, 이때부터 스스로 문제를 해결하는 능력을 갖춘 기계, 즉 AI를 개발하려는 노력이 시작되었습니다.

이후 70여 년 동안 AI는 발전과 정체를 반복했습니다. "AI라는 개념과 논리는 성립된 것 같은데, 과연 실제로 가능할까?"라는 근본적인 의문은 끊이지 않았습니다. AI의 '빙하기'는 1970년대 중반에 한 번, 그리고 1980년대 후반 기업들의 투자 철회로 또 한 번 찾아왔습니다. 그 혁명적인 존재감과 달리 실제 발전 속도는 다소 더뎠던 셈입니다.

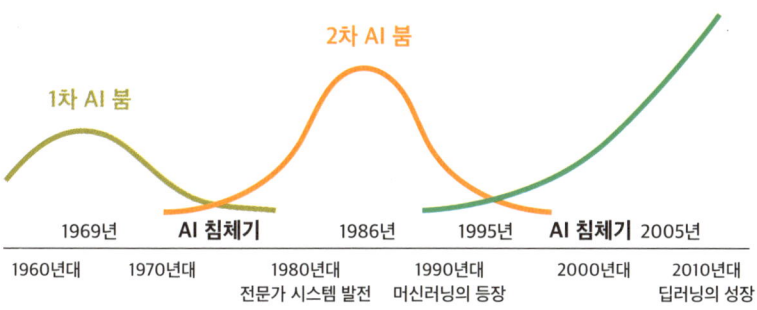

1차 AI 붐

2차 AI 붐

| 1969년 | **AI 침체기** | 1986년 | 1995년 | **AI 침체기** 2005년 |

| 1960년대 | 1970년대 | 1980년대
전문가 시스템 발전 | 1990년대
머신러닝의 등장 | 2000년대 | 2010년대
딥러닝의 성장 |

1950년대부터 시작된 AI 연구와 발전은 두 번의 '겨울'을 겪었다.

그러나 최근 10~20년 사이 AI의 발전은 놀라운 속도로 가속화되고 있습니다. 바둑 AI '알파고'를 만든 딥마인드는 2010년에 창업되었고, 불과 6년 뒤인 2016년에 알파고는 이세돌 9단과의 대국에서 승리했습니다. 바둑은 체스보다 경우의 수가 압도적으로 많아 AI가 풀기 훨씬 어려운 문제로 여겨졌습니다. 체스의 경우의 수가 약 10의 45승 개라면, 바둑의 경우의 수는 10의 170승 개에 이릅니다. 그래서 바둑은 'AI가 정복하지 못한 마지막 보드게임'이라 불렸습니다. 하지만 AI는 불과 6년 만에 이 거대한 난제를 극복했습니다.

AI가 이렇게 빠르게 발전할 수 있었던 이유는 무엇일까요. AI의 가능성을 내다보고 막대한 자본이 투자된 덕분일까요? 물론 자본만의 공로는 아닙니다. 짧은 시간 안에 급격한 발전이 이루어진 근본적인 이유는 바로 AI를 '가르치는 방식'이 달라졌기 때문입니다. 다시 말해, AI의 학습 방식이 혁명적으로 바뀌었기 때문입니다.

초기에는 인간이 AI에게 '주입식 교육'을 했습니다. AI가 생겨나고 50년이 넘도록, 프로그래밍을 통해 가능한 한 많은 지식을 기계에게 넣어주려 애를 썼습니다. 그러나 이제는 이런 방식으로 AI를 개발하지 않습니다. 사람의 뇌를 모방한 신경망 구조의 AI, 즉 '딥러닝' 기술이 발전하면서 AI의 학습 방식은 근본적으로 달라졌고, 이후 AI는 급속도로 발전하게 되었습니다.

AI의 네 가지 공부법

인류의 과학 기술이 집약된 딥러닝 기술을 통해, AI는 어떻게 학습을 수행할까요? 오늘날 AI의 '공부법'은 크게 네 가지로 나눌 수 있습니다.

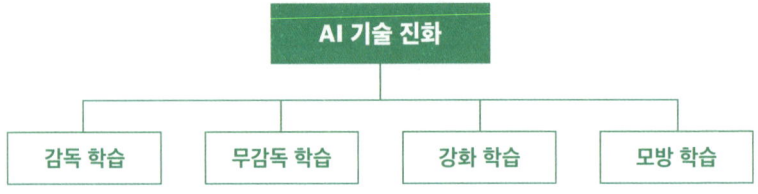

먼저 '감독 학습'은 문제와 정답을 함께 알려주는 방식입니다. 가능한 한 많은 문제와 정답이 필요합니다. 마치 거대한 '문제은행'처럼, 방대한 데이터를 모아 목적에 맞게 가공한 뒤 AI에게 가르치는 것입니다.

예를 들어, 강아지와 고양이를 구별하도록 학습시키려 한다면 강아지 사진 10만 장에는 1, 고양이 사진 10만 장에는 0이라고 표시(레이블)를 붙여 AI에게 줍니다. "강아지와 고양이를 구분하시오"라는 '문제'와 무엇이 강아지이고 무엇이 고양이인지를 표시한 '정답'을 함께 알려주는 것입니다. AI는 신경망 구조를 통해 이 데이터를 학습하게 되고, 이제껏 본 적 없는 새로운 사진을 주었을 때도 사진 속 동물이 고양이인지 강아지인지를 구별할 수 있게 됩니다.

다음으로 '무감독 학습'은 감독 학습에서처럼 사람이 표시한 '정답'을 제공하지 않습니다. 무감독 학습은 간단히 말하면 '입력과 출력이 같은 학습 방식'이라고 할 수 있습니다. 감독 학습처럼 많은 데이터를 주지만, AI가 어떤 정보를 입력받고 그와 동일한 것을 출력하는 시도를 반복하면서 배우도록 하는 방식입니다. 강아지 사진 10만 장을 AI에게 주며 사진들의 공통점과 차이점을 분석하고, "강아지 사진을 생성해보라"고 지시하는 것입니다. 그러면 AI의 신경망은 받은 데이터를 토대로 강아지라는 존재의 외형적 특징을 스스로 파악하고, 일종의 연상 기억을 형성합니다. 이 연상 기억은 한때 인간만이 가능하다고 여겨졌던 능력입니다.

무감독 학습을 반복하면 AI는 사람이 강아지 사진을 여러 번 보고 그 특징을 추론하고, 꿈속에서도 강아지를 보는 것처럼 학습을 이어갑니다. 생성형 AI는 바로 이 무감독 학습의 원리를 활용하고 있습니다. 감독 학습에서는 아무리 방대한 데이터를 투입해도 때때로 틀린 답을 내놓는 경우가 있었지만, 무감독 학습은 훨씬 유연하고 효율적입니다. 물론 문제와 정답을 직접 넣어주는 단순한 방식보다 훨씬 복잡하기 때문에 하드웨어적 한계에 부딪칠 수는 있습니다.

무감독 학습의 흥미로운 점은 인간의 기억력과 상상력을 모방한다는 데 있습니다. AI가 무감독 학습을 수행하는 과정은 사람이 낮에 여러 현상을 관찰하고 밤에 잠들어 꿈을 꾸는 과정과 비슷합니다. 강아지 사진을 보며 그 특징들을 파악하고, 강아지가 어떤 존재인지 상상합니다. 잠들었을 때 꿈에서 강아지를 볼 수도 있습니다. 그런데 다음 날 실제 강아지나 사진을 다시 보면, 자신이 상상했던 모습과 조금 다르다는 것을 깨닫습니다. 그러면 다른 부분을 교정하여 학습합니다. 이렇게 상상과 현실을 비교하며 반복하다 보면, 상상 속 강아지의 모습이 실제 강아지의 형태에 점점 가까워집니다.

즉, 강아지 사진이라는 입력이 주어지면 AI는 약간의 상상을 더해 출력을 만들어보고, 그 차이를 관측하며 교정하는 과정을 반복합니다. 그렇게 오류가 점차 교정되면서 강아지라는 개념을 더 정확하게 이해하게 되는 것입니다. 보고 기억하고 꿈을 꿔보는 것. 인간의 뇌는 이처럼 꿈꾸는 과정을 학습의 알고리즘으로 활용합니다. AI의 무감독 학습은 바로 이 알고리즘을 모방한 것입니다.

'강화 학습'은 감독 학습이나 무감독 학습과는 조금 다른 방식입니다. 이 방법은 AI가 아무런 지식 없이 일단 무언가를 실행하도록 하는 데서 시작합니다. 그리고 그 실행 결과에 대해 보상, 즉 피드백을 제공합니다. AI는 시행착오를 겪으면서 이 보상에 따라 행동을 점차 수정하게 됩니다.

AI에게 주식투자를 가르치는 과정을 생각해보면 강화 학습을 이해하기 쉽습니다. AI에게 주식을 사거나 파는 행동을 직접 실행하게 하는 것입니다. 그럼 AI는 사전 지식이 없더라도 일단 매매를 시도합니다. 감독 학습에서처럼 즉시 정답을 확인할 수는 없지만, 시간이 지나 주가가 변하면 그 변화가 곧 피드백이 됩니다. 주가가 상승했다면,

그 사실이 주식을 산 행동에 대한 보상이 되는 셈입니다. 이처럼 특정 행동이 보상과 피드백을 통해 강화되는 과정을 반복하면서, AI는 주식을 사거나 파는 최적의 방식을 스스로 학습하게 됩니다.

감독 학습은 처음부터 문제와 정답을 알려주기 때문에 시행착오가 거의 없지만, 강화 학습은 시행착오를 거듭하면서 학습하는 방식이기에 훨씬 어려운 과정이라 할 수 있습니다. 그렇지만 이러한 어려움 속에서 AI는 보다 인간에 가까운 '경험 기반의 학습'을 하게 됩니다.

마지막으로 '모방 학습'은 물리적 환경에서의 움직임과 행동을 익히기 위한 학습 방식입니다. 컵을 들어 올리거나 계단을 오르는 것처럼, 인간의 행동을 로봇의 신체로 그대로 따라 하며 학습하는 과정을 뜻합니다. 이렇게 행동을 모방하여 학습한 AI는 이후 유사한 상황에 놓였을 때 스스로 판단하고 움직일 수 있게 됩니다. 즉, 단순히 데이터를 분석하는 수준을 넘어, 실제 세계의 동작과 반응을 이해하고 응용하는 단계에 도달하게 되는 것입니다.

배우는 AI,
어떻게 접근할까?(기호주의, 연결주의, 역동주의)

현재까지 AI의 여러 학습법은 크게 두 가지 접근 방식으로 나눌 수 있습니다. 먼저 사람이 프로그래밍을 통해 기계가 이해할 수 있도록 가공해 주입하는 방식, 즉 감독 학습과 같은 방법은 '기호주의'에 속합니다. 인간의 사고와 지식을 기호, 규칙, 논리의 조합으로 정리해서 AI에게 주입해주는 것입니다. 컴퓨터 프로그래밍을 할 때 프로그래밍 언

다양한 AI 학습의 세 가지 접근 방식

특징/유형	기호주의	연결주의	역동주의
AI에게 주는 정보	기호(문자), 규칙, 논리 등	텍스트, 이미지, 소리, 영상 등	텍스트, 이미지, 소리, 영상, 움직임, 냄새, 맛 등
특징	사람이 데이터를 정리해 입력해서 직접 학습시킴	사람이 데이터를 수집해 AI에게 제공하고 AI가 스스로 학습함	AI가 스스로 다양한 데이터를 수집해서 학습함
장점	검증된 데이터로 오류가 적은 합리적 학습 가능	다양한 분야를 스스로 빠르게 학습 가능	데이터 수집부터 스스로 수행하여 더 풍부하고 현실적인 경험으로 학습
한계	학습 데이터 생성의 한계	시행착오와 오류 가능성이 높고 방대한 데이터 필요	수준 높은 로보틱스 기술 필요

어를 사용하는 것을 생각하면 됩니다. 기계가 이해할 수 있는 기호를 활용해 기계에게 지식을 직접 넣어주는 것입니다.

기호주의 방식은 AI 연구의 초기 단계에서 오랫동안 주류로 다뤄졌으나, 결국 뚜렷한 성과를 거두지는 못했습니다. 이 세상의 무수한 상황과 복잡한 정보를 단순한 기호로만 표현하기란 매우 어렵기 때문입니다. 우리가 채팅에서 이모티콘으로 감정을 전달할 수는 있지만, 이모티콘만으로는 세밀한 의미를 완전히 표현하기 어렵습니다. 또 상황에 따라 글보다 훨씬 효율적으로 정보를 전달할 수 있는 방식이 존재하기도 합니다. 예를 들어, 공원의 풍경을 묘사할 때 글로 하나하나 설명하는 것보다 사진 한 장을 찍어 보여주는 편이 훨씬 명확하고 빠른 것과 같습니다.

그래서 더 효율적으로 AI를 가르칠 수는 없을지 고민한 끝에 나온 새로운 접근 방식이 '연결주의'입니다. 연결주의는 인간의 뇌가 작동하는 방식을 본떠 인공 신경망을 기반으로 지능을 구현하려는 시도입니다. 이 관점에서 제시된 핵심 아이디어는 데이터를 주고 기계가 스스로 학습하게 두자는 것입니다. 예컨대 강아지 사진 10만 장을 입력해 강아지의 특징을 스스로 찾아내게 하는 무감독 학습 방식이 바로 연결주의적 접근에 속합니다.

이 방법에서는 사람이 일일이 문제와 답을 정해주지 않습니다. 대신 신경망이 수많은 데이터 속에서 패턴을 찾고 이를 연결하며 자체적으로 의미를 학습하게 됩니다. 결국 AI는 인간의 뇌처럼 복잡한 연결망을 통해 데이터를 축적하고 스스로 사고하는 구조로 진화하게 되는 것입니다.

기호주의의 한계를 넘어 연결주의가 등장할 수 있었던 배경에는 기술의 발전으로 막대한 양의 데이터를 축적하고 처리할 수 있게 된 점이 있습니다. 그러나 이러한 방식 역시 곧 한계에 부딪칠 가능성이 있습니다. AI가 높은 수준으로 발전하기 위해서는 지금보다 훨씬 더 많은 데이터가 필요하기 때문입니다.

이런 한계를 넘어서는 새로운 접근으로 최근 주목받는 것이 '역동주의'입니다. 역동주의는 AI가 실제 물리적 세계와 끊임없이 상호 작용 하며 학습해야 한다는 관점을 제시합니다. 단순히 주어진 데이터를 분석하는 데 그치지 않고, 스스로 데이터를 수집하며 현실과 관계를 맺는 학습 방식입니다. 어린아이가 오감을 활용해 세상을 탐험하면서 엄청난 양의 정보를 빠르게 학습하는 것과 같습니다. 역동주의의 시각에서 볼 때, 미래의 AI는 이제 단순히 텍스트와 이미지를 입력받아 학습하는 존재가 아니라 시각, 청각, 촉각 센서를 통해 세상을 직접 경험하고 데이터를 수집하는 존재가 될 것입니다. 그리하여 AI는 실제 '몸'을 지닌 피지컬 AI로 진화하며, 데이터 속 세계가 아닌 현실의 세계 속에서 배우고 성장하게 될 것입니다.

AI, 언젠가
의식까지 가질 수 있을까?

"AI가 사람의 직업을 대체할 것이다."라는 예측과 우려는 이미 현실이 되었습니다. 이제는 어떤 직업이 대체되지 않을지를 꼽는 편이 더 빠를 정도로, AI는 쉬지 않고 활동 영역을 넓혀가고 있습니다. 비록 아직 '몸'을 완전히 갖추지는 못했지만, 이미 여러 분야에서 인간의 능력에 견줄 만한 수준에 도달했습니다.

모라벡의 역설, AI는 인간의 경쟁자인가?

"사람에게 어려운 일이 기계에게는 쉽고, 사람에게는 너무나 쉬운 일이 기계에게는 극도로 어렵다." 로봇 과학자이자 AI 연구자인 한스 모라벡이 1980년대에 내놓은 이 통찰을 '모라벡의 역설'이라고 합니다.

이를 입증하듯, AI가 발달하자 계산은 물론 바둑 같은 게임, 번역, 글쓰기, 상담 등 복잡한 인지적 능력이 필요한 일은 AI가 거의 사람의 수준을 따라잡은 반면, 걷고 뛰고 물건을 집는 등 사람은 아주 쉽게 하는 행동을 아직 기계가 똑같이 구현하지는 못하고 있습니다. 그러나 로봇공학의 빠른 발전으로 이 '모라벡의 역설'이 조만간 무너질 것이라고 예측하기도 합니다. 지금 AI는 사람의 직업을 앗아가는 경쟁자로 불리지만, 앞으로는 그 경쟁에서 이기기 위해 분투하기보다는 함께 살아가기 위해 AI를 제대로 알고 활용하는 것이 더 현실적인 길이될 것으로 보입니다. 사람이 잘할 수 있는 분야에 AI를 도입해 어떤식으로 긍정적인 변화를 이끌 수 있을지를 고민해야 할 것입니다.

앞서 소개한 AI의 개척자 앨런 튜링은 기계가 인간과 구별할 수 없을 정도로 유사한 대화를 나눌 수 있는지를 검증하기 위해 '튜링 테스트'를 제안했습니다. 심사자가 누가 인간인지 모르는 상태에서 텍스트로만 기계와 인간에게 질문을 던지고 대화를 나눈 뒤, 일정 비율 이상의 심사자가 기계를 인간으로 착각하면 그 기계가 튜링 테스트를 통과한 것으로 간주합니다.

최초로 튜링 테스트를 통과한 AI는 '유진 구스트만(Eugene Goostman)'이라는 챗봇이었습니다. 2014년, 33%의 심사위원이 그를 인간이라고 확신해 테스트를 통과한 것으로 여겨졌습니다. 그러나 유진 구스트만은 약간의 편법을 사용했습니다. 우크라이나 출신의 13세

튜링 테스트를 제안한 AI의 개척자 앨런 튜링.
(출처: 위키미디어 커먼즈)

소년으로, 영어를 서툴게 구사한다는 설정을 통해 어색한 답변을 해도 '어리거나 외국인이기 때문'이라 여겨지게 만든 것입니다. 따라서 이 결과는 '통과'라기보다 '간주'에 가까웠습니다.

그로부터 10년 뒤인 2025년 6월, AI는 논란의 여지 없이 튜링 테스트를 완전히 통과했습니다. 오픈AI의 LLM 모델인 GPT-4.5가 사람보다 훨씬 높은 비율로 "인간 같다"는 평가를 받은 것입니다. 특히 특정 인격을 전제한 페르소나형 대화 테스트에서는 73%의 심사자가 "사람 같다"고 평가했습니다. 이는 실제 인간이 받는 평균 평가보다 3배 이상 높은 수치였습니다.

튜링 테스트를 통과했으니 이제 AI가 '사람다움'의 정점에 오른 것일까요? 물론 그렇지 않습니다. 다음 단계로 제시되는 시험은 '토털 튜링 테스트(Total Turing Test)'입니다. 텍스트로 대화하는 튜링 테스트와 달리, 토털 튜링 테스트는 영화 〈엑스 마키나〉에서처럼 AI가 실제 인간과 대면하여 대화를 나누는 실험입니다. 이 테스트가 이루어지기

인간과 구별하기 어려운 수준의 신체를 가진 AI가 구현된다면 인간과 기계가 실제로 현실에서 대면해 진행하는 '토털 튜링 테스트'도 통과하는 날이 올지도 모른다.
(출처: TESLA CAR WORLD)

위해서는 인간과 구별하기 어려운 수준의 인공 신체가 구현되어야 합니다.

이처럼 점점 인간을 닮아가는 AI는 언젠가 인간과 같은 의식을 가질 수 있을까요? 기계가 진정한 의식을 가질 수 있는지 없는지의 여부는 매우 철학적인 논의입니다. 기계 이전에 '인간의 의식' 자체가 실제로 있는 것인지도 논란의 대상이기 때문입니다. 기계가 '진정한 의식'을 갖는 것이 현실적으로는 불가능할 수 있지만, 현재 AI 연구자들은 "어떻게 하면 기계가 의식이나 감정을 가진 것처럼 '보이게' 할 수 있을까"를 집중적으로 탐구하고 있습니다.

의식은 너무도 복잡한 이 세상을 효율적으로 인식하는 일종의 '계산 방식'이라 할 수 있습니다. 따라서 기계가 인간 수준의 지능, 나아가 인간을 넘어서는 '초지능(Superintelligence)'에 도달하기 위해서는 우선 인간과 같은 의식을 구현해 세상을 학습하는 것이 유리합니다. 감정 또한 인간이 자연 속에서 생존하기 위해 진화시킨 빠르고 효율적인 계산 방식이라 할 수 있으므로, 기계가 감정까지 구현할 수 있다면 훨씬 더 빠르고 폭넓은 학습이 가능해질 것입니다.

이런 관점에서 본다면, 지금 튜링 테스트를 완벽히 통과한 GPT-4.5 역시 아직은 '반쪽짜리'입니다. 왜냐하면 GPT는 세상을 '글로만' 배웠기 때문입니다. AI가 진정한 의식과 감정을 흉내 내기 위해서는 앞서 언급한 역동주의적 학습, 현실 세계의 다양한 데이터를 직접 수집하고 그로부터 AI가 스스로 배워나가는 과정이 꼭 필요할 것입니다.

오늘도 우리는 챗GPT나 제미나이와 같은 여러 AI들에게 이런저런 것들을 하라고 지시하면서 AI가 스스로 과제를 수행하며 학습할 기회를 줍니다. AI를 사용하는 동시에 가르치고 있는 셈이지요. 하지만 내일부터는 그런 가르침조차 필요 없을지도 모릅니다. 미래에 AI는 무엇을 어떻게 배우게 될까요. 오늘 학습을 하고 있는 AI는 우리가 상상도 못할 놀라운 미래를 꿈꾸고 있을지도 모르겠습니다.

2장

말귀 알아듣는 똑똑한 AI 속 놀라운 반도체 HBM

다가올 100년은 AI 시대입니다. 그리고 우리가 가진 유일한 무기는 바로 HBM이라 할 수 있죠! HBM이란 무엇이기에, AI 시대의 무기라 불리는 걸까요? 이런 AI의 발전 속에서 기업과 국가는 어떤 방향으로 나아가야 할까요? 또 AI 발전을 통해 기업들은 어떤 방식으로 경쟁하게 될까요?

AI 패권 시대,
우리의 무기는 HBM

미래학자 레이 커즈와일은 2029년에 AI가 사람과 같은 수준에 도달할 것이라고 내다보았는데, 이미 말귀를 알아듣고 눈치까지 살필 줄 아는 AI를 보면 그 예측이 현실로 이루어질 수도 있을 것 같습니다.

이처럼 급속한 발달을 보이고 있는 현재부터 앞으로 50~100년 동안은 'AI의 시대'가 이어질 것이라고 합니다. AI는 미래의 정치, 문화, 경제, 국방 등 사회의 모든 분야에 커다란 변화를 불러올 핵심 기술이며, AI의 성능이 곧 사회의 모습을 좌우하게 될 것이기 때문입니다. 미래를 예측하는 각계의 전문가들은 AI 기술에서 선두에 서는 국가가 '주도권' 수준을 넘어 '패권'을 잡을 것이라 내다보고 있습니다.

이렇게 AI 패권 시대를 맞이하는 우리 한국에게는 어떤 무기가 있을까요? 뜻밖에도 우리에게 아주 강력한 무기 하나가 있으니, 바로 반도체 기술입니다. AI 서비스의 GPU에 쓰이는 메모리, 고대역폭 메모리라고도 하는 HBM(High Bandwidth Memory)을 우리나라에서 처음 개발하기 시작했다는 것 알고 계셨나요? HBM은 AI의 성능을 좌우하는 반도체입니다. 전문가들은 HBM 없이는 AI 시대가 도래할 수 없으며, HBM 개발의 주도권을 가져야만 국가와 경제가 AI 패권 시대에 존립할 수 있다고 강조할 정도입니다.

HBM이란 어떤 반도체일까요? 이 반도체가 무엇인지 알려면 우선 AI가 '행렬 수학'으로 움직인다는 것을 먼저 알아둘 필요가 있습니다. 행렬은 AI를 포함한 첨단 디지털 기술의 기반입니다. 가령 텔레비전에 나타나는 화면도 카메라로 촬영한 장면을 행렬 계산을 거쳐 데이터로 바꾼 후, 그 데이터를 텔레비전 화면 영상을 구성하는 점 하나하나로 만들어 뿌려주는 것이라고 할 수 있습니다. 행렬의 특징은 순서대로 하나씩 계산하는 게 아니라 여러 계산을 동시에 실행한다는 점입니다. 순서대로 작업을 처리하는 컴퓨터의 반도체는 CPU라고 하고, 그 복잡한 계산을 동시에 처리하는 반도체는 GPU라고 합니다. 이

GPU가 계산을 하면 계산된 내용을 어딘가에 적어야 합니다. 결과를 적어두는 그 어딘가는 바로 메모리죠. 이런 식으로 작동하는 컴퓨터 구조를 '폰 노이만 아키텍처(Von Neumann Architecture)'라고 하는데, 명령어와 데이터를 하나의 메모리에 저장하고 순서대로 해석해 실행하는 구조입니다.

챗GPT 작동을 생각해보면 이해하기 쉽습니다. 챗GPT에게 어떤 작업을 하라고 입력하면 순차적으로 정보를 처리해서 출력 내용을 보여주게 됩니다. 그런데 작업을 요청하면 챗GPT가 처리한 내용 전체가 한 번에 화면에 나타나는 것이 아니라 단어가 순차적으로 나타나는 모습을 볼 수 있습니다. 단어가 나타나는 그 속도를 바로 메모리가 결정하는 것입니다. AI 정보 처리 속도의 핵심 열쇠가 메모리인 것이죠.

그런데 여기에 한 가지 문제가 있습니다. GPU는 계산을 동시에 신속하게 처리할 수 있지만, 결과를 메모리에 기록하고 다시 읽어오는 데에도 일정한 시간이 걸리거든요. 메모리의 속도가 떨어진다면 이때 처리가 늦어질 수 있습니다. 메모리에 '병목 현상'이 일어나는 것입니다.

나뿐만이 아니라 100만 명 혹은 1억 명이 동시에 챗GPT를 쓰고 있을 수 있습니다. 챗GPT는 그런 요청에 응답해 순식간에 보고서나 동영상, 이미지를 만들어야 하는데, 메모리에서 무수한 데이터를 읽어오려 하다 보니 병목 현상이 일어납니다. 병목 현상은 좁은 도로에 많은 자동차가 몰려 체증이 발생하는 현상이죠. 차선이 많고 도로 폭이 넓다면 병목 현상은 일어나지 않을 것입니다. 메모리도 마찬가지입니다. 속도를 빠르게 하려면 메모리의 '폭'을 넓혀주면 됩니다. 그래서 처리 속도를 빠르게 해주기 위해 탄생한 것이 '대역폭이 큰 메모리' 즉 고대역폭 메모리, HBM입니다.

1차선으로 가던 정보가
12차선으로 간다면

오늘날 AI는 글도 쓰고 이미지는 물론 영상까지 만듭니다. 앞으로는 AI가 알아서 영화 한 편을 만들어내는 시대도 곧 올 것입니다. 더욱 다양하고 복잡한 작업을 AI가 수행하게 될 텐데, 그렇게 되면 AI가 학습해야 하는 변수는 천문학적으로 커집니다. 현재도 AI는 조 단위의 변수를 학습하는데, 학습량이 여기서 1000배는 더 커져야 할 것이라고 과학자들은 내다봅니다. 1000조 단위의 데이터를 학습하자면 메모리의 용량도 따라서 증가해야 되겠죠. 또 학습한 데이터를 빠르게 전달할 수 있어야 할 테고요. GPU까지 빨리 도달해야 하니 메모리의 '차선'을 늘리고, 빠르게 데이터가 오갈 수 있도록 '데이터 엘리베이터'가 필요해지는 것입니다. 이런 기술을 도입해 대역폭을 늘려 데이터 전송량과 속도를 혁신적으로 증가시킨 메모리가 HBM입니다. 기존 메모리가 1차선 도로라면 HBM은 12차선 도로라고 할 수 있습니다.

HBM은 메모리 전송 통로인 DQ(Data Queue)를 1024개나 가지면서 물리적인 면적인 폼팩터는 기존 메모리보다 10배 이상 작습니다. 이러한 구조 덕분에 적층된 D램 신호의 이동량이 비약적으로 증가합니다. 더 적은 전력으로 더 많이 빠르게 데이터 전달이 가능한 반도체가 바로 HBM입니다. HBM의 구조를 보면 그 모습이 고층 건물처

일반 메모리의 경우

데이터창고(메모리)

도로(대역폭)

공장

HBM의 경우

데이터창고(HBM)

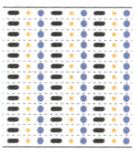
도로(대역폭)

공장

기존 메모리가 1차선 도로라면 HBM은 12차선 도로인 셈이다.

HBM은 1024개의 DQ를 가지면서
물리적인 면적을 의미하는 폼팩터는
기존 메모리보다 10배 이상 작음

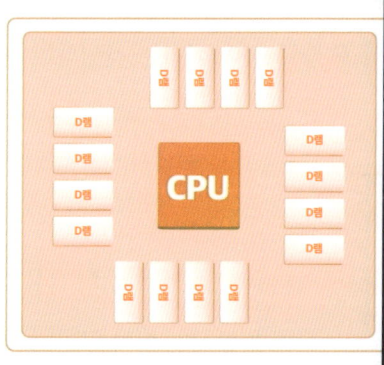

고성능 그래픽스 가속기와 네트워크 장치를 결합하기 위해 사용하는 메모리인 HBM은 대역폭을 늘려 데이터 전송량은 더 큰 반면 차지하는 면적은 더 작다. (출처: SK하이닉스 공식 유튜브 채널)

럼 위로 쌓여 있다고 해서 고대역폭이라고 하는 것인데, 데이터가 오 가는 공항이라고 상상해보면 반도체 구조를 이해하기 쉽습니다. 공항 의 공간을 늘리고 싶다면 지상층을 올리거나 지하층을 더 늘릴 수도 있고, 아예 공항 면적을 더 늘리는 방법도 생각해볼 수 있습니다. 도착 한 데이터가 빠르게 오갈 수 있도록 HBM의 1024개 차선에 더해 지 하도로나 터미널, 엘리베이터를 설치할 수도 있겠죠. 이런 아이디어에 서 출발해 대역폭과 속도를 더욱 빠르게 하는 메모리를 개발하기 위 한 연구가 진행되고 있습니다.

HBM의 역할은 AI 기술에서 하드웨어가 얼마나 중요한가를 알 수 있게 해줍니다. 아주 많은 양의 병렬 계산을 해야 한다면 훌륭한 수 학자 몇 사람이 하는 게 아니라 초등학생 천 명, 만 명이 동시에 하도 록 하는 게 효율적일 수 있겠죠. 그것이 GPU가 계산을 하는 방식인 데, AI도 이와 거의 비슷하게 작동합니다. 결국은 병렬 계산을 빠르게 기록하고 가져올 수 있는 하드웨어가 AI에게 적합하고, 이런 하드웨 어의 핵심이 HBM이라는 것입니다. AI를 가능하게 하는 것은 컴퓨팅 이고, 컴퓨팅은 GPU와 HBM으로 이루어집니다. 즉 하드웨어와 반도 체는 AI의 '실제 몸'입니다.

AI가 더 똑똑해진 이유

HBM의 발전으로 하드웨어의 성능을 높이면서 크기는 줄일 수 있게 되었습니다. 덕분에 우리가 쓰는 AI들이 더 똑똑해질 수 있었는데요. 우리가 가장 흔히 쓰는 AI 모델인 LLM을 한번 살펴볼까요. 우리가

2장. 말귀 알아듣는 똑똑한 AI 속 놀라운 반도체 HBM

'대형 언어 모델'이라고 알고 있는 LLM도 그 작동 방식에는 행렬 계산이 활용됩니다.

　LLM이 '말'을 하는 과정은 사실 사람처럼 말을 하는 것이라기보다는 열심히 행렬 계산을 해서 확률적으로 나올 가능성이 높은 단어를 뽑아 보여주는 것이라고 할 수 있습니다. 그 한 단어를 뽑아낼 때 GPU와 HBM 사이에서는 데이터가 거의 1000번은 왔다 갔다 하고, 또 1000번 정도 행렬 계산을 거치게 됩니다.

　이렇게 많은 계산을 하는 LLM이기에, 하드웨어 성능이 떨어질 때는 기능이 구현되기 어려웠습니다. 굉장히 많은 양의 텍스트나 데이터를 학습해야 하는데 이 학습의 성패는 결국 하드웨어 성능이 좌우하는 것이었으니까요. HBM 덕분에 하드웨어 성능이 뒷받침되어 LLM 같은 더 똑똑한 AI가 활약할 수 있게 된 것입니다.

　만약 AI가 소설을 쓴다고 하면 첫 문장에 어떤 암시를 던지고, 그 암시가 소설의 마지막까지 연결되어야 합니다. 그러기 위해서는 첫 문장을 계속 기억해야 하고요. 과거 AI의 한계는 몇 문장을 쓰고 나면 앞의 문장은 잊어버린다는 것이었습니다. 단기 기억만 가능했던 겁니다. 하지만 재미있는 소설이 되려면 중간중간 숨은 의미를 연결해서 맥락과 반전이 스토리로 엮여야 합니다. 맥락을 파악하는 것을 AI에서는 '어텐션(Attention)'이라고 합니다. 문장의 첫 단어부터 마지막 단어 사이의 관계도 점수를 표현한 행렬 방식으로 '어텐션 스코어(Attention Score)'라는 것이 있습니다. 이 방식으로 맥락을 파악하려면 첫 단어와 그 후의 수백만 단어와의 관계도를 기억해야 하는데, 그걸 저장해두는 기억 장소가 HBM입니다. HBM으로 하드웨어 성능이 강

화되었기에 챗GPT 같은 AI가 어텐션 스코어를 활용할 수 있을 만큼
똑똑해진 것입니다. HBM의 성능이 더 발전하면 AI는 더 긴 대화를
할 수 있으며 말투 속 미묘한 감정도 분석할 수 있게 될 것입니다. 이
렇게 AI는 HBM의 힘으로 말귀도 알아듣고 눈치도 살피며 거짓 정보
(할루시네이션)도 걸러낼 줄 아는 초인공지능(ASI)이 되어가는 중입니다.

AI 할루시네이션, 어텐션 스코어 때문일까?

AI 할루시네이션은 생성형 AI가 사실이 아닌 정보를 사실처럼 생성해
사용자에게 '환각'을 초래하는 현상을 말합니다. 이때 AI는 실제 존재
하지 않는 정보를 지어내는데, 언뜻 봐선 설득력과 논리를 갖춘 것 같
아 진짜인지 가짜인지 눈치채기 어려울 수 있습니다. 이 할루시네이
션은 정보의 맥락을 이해하는 어텐션 스코어에 문제가 있거나 기능이
떨어져서 생기는 걸까요? 전문가들은 할루시네이션이 AI의 어텐션
메커니즘보다는 AI가 학습한 자료에서 기인한다고 설명합니다. AI가
자의적으로 찾아내 활용하는 무수한 정보 중에는 오류가 있을 수밖에
없기 때문입니다. AI가 많은 정보를 활용하는 한 할루시네이션이 완
전히 사라지지는 않을 것이기 때문에, 이를 걸러내기 위해서 사람의
검토는 필요합니다. AI의 작업을 최종적으로 사람이 검수하거나, '프
롬프트 록'이라는 기능을 써서 AI의 사고 범위를 지정하는 방법을 쓸
수도 있습니다. AI에게 어떤 자료나 양식을 주면서 그 내용만을 토대
로 작업을 하라고 하는 방법입니다. 그 밖에도 AI에게 무엇을 원하는

지를 명확히 지시하는 지침을 마련하거나, AI가 관련성이 높고 공신력이 있는 정보만을 검색해 사용하도록 평소에 학습을 시켜놓을 수도 있습니다. 내놓을 결과의 수를 제한해서 불확실성을 줄이는 방법이나 AI가 따를 수 있는 답변 템플릿을 만들어 답변을 통제하는 방법도 써볼 수 있습니다. 어텐션 스코어로 똑똑해진 AI를 잘 활용하기 위해 먼저 AI에게 올바른 정보를 활용하는 법을 가르쳐두는 셈입니다.

HBM,
앞으로 어떻게 발전할까?

AI 기술의 핵심이라고 할 수 있는 HBM은 앞으로 어떻게 발전해갈까요? AI의 활동 범위가 텍스트를 생성하는 것을 넘어 영상 생성, AI 에이전트(LLM을 기반으로 사용자의 목적에 따라 자율적으로 복잡한 작업을 수행할 수 있는 지능형 소프트웨어 시스템), 로봇과 같은 피지컬 AI의 영역으로 확장됨에 따라 필요한 데이터 처리량은 급증할 것입니다. 이에 부응하기 위해 HBM의 대역폭과 용량은 매 세대마다 2배씩 늘어날 것이라고 전문가들은 전망하고 있습니다. 현재 상용화된 세대인 HBM3의 데이터 통로는 1024개이지만, 다음 세대인 HBM4는 2048개로 확장된다는 것입니다. 이미 4096개 이상을 요구하는 기업들도 있다고 합니다.

앞서 여러 층의 공항 건물에 빗대어 설명했듯이, HBM은 메모

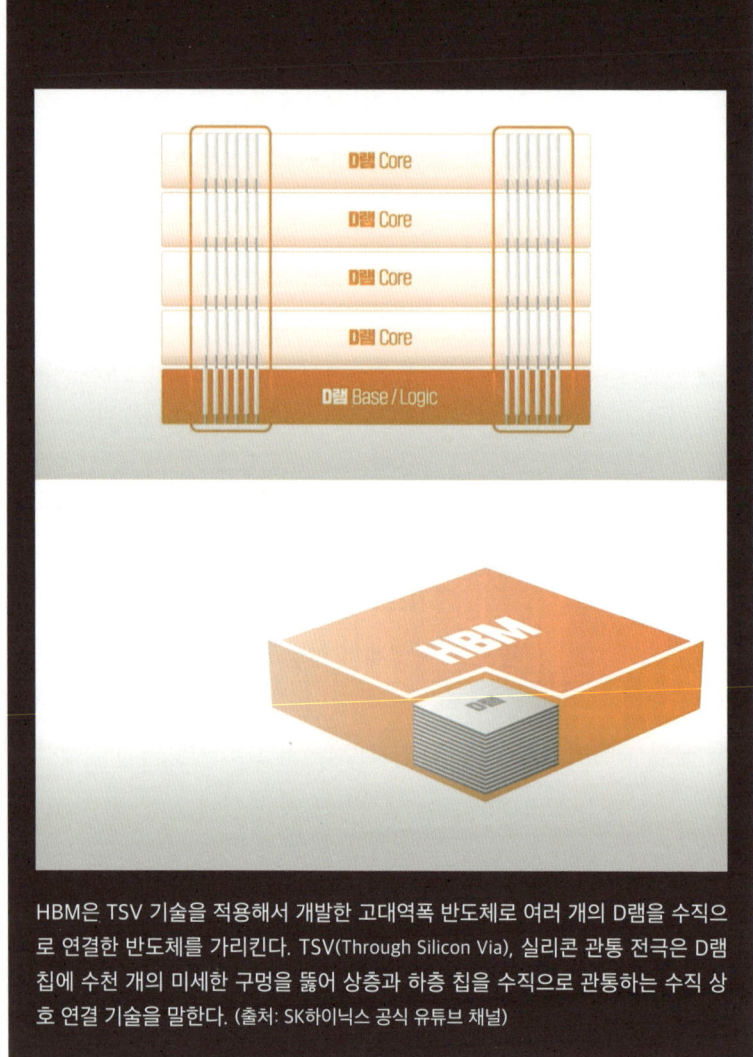

HBM은 TSV 기술을 적용해서 개발한 고대역폭 반도체로 여러 개의 D램을 수직으로 연결한 반도체를 가리킨다. TSV(Through Silicon Via), 실리콘 관통 전극은 D램 칩에 수천 개의 미세한 구멍을 뚫어 상층과 하층 칩을 수직으로 관통하는 수직 상호 연결 기술을 말한다. (출처: SK하이닉스 공식 유튜브 채널)

리 용량을 늘리기 위해 칩을 위로 쌓아 올리는 구조로 이루어집니다. TSV(Through Silicon Via, 실리콘 관통 전극)는 각 층을 연결하는 데이터 엘리베이터라 할 수 있고요. 그렇다면 HBM의 칩은 몇 층까지 쌓을 수 있을까요? 현재의 기술로는 24층 정도까지 가능하지만, 고도 제한에 부딪친다고 합니다. HBM 개발의 핵심 과제는 이 고도 제한을 어떻게 극복할 것인가라고 할 수 있습니다. 층수를 위로 더 높일 수 없다면 지하로 내리거나, 옆으로 면적을 늘릴 방법을 찾을 수 있습니다. GPU를 백화점으로, HBM을 아파트로 보고, 두 장소를 오가는 과정이 번거로우니 백화점 위에 아파트를 붙여 지어 '주상복합' 건물을 만든다는 발상을 해볼 수도 있습니다.

앞으로 대역폭 확장과 그에 따른 비용, 공간, 발열과 관련된 제약을 극복하려 애쓰며 HBM의 성능은 더 발전하고, 기능이 각자 다른 여러 AI의 요구 사항에 맞추어 형태나 사양이 더욱 다양화될 것이라고 전문가들은 예측하고 있습니다.

무어의 법칙과 황의 법칙

반도체 발달과 관련된 유명한 법칙으로 무어의 법칙과 황의 법칙이 있습니다. 무어의 법칙은 인텔의 창립자 고든 무어가 1965년 제시한 이론으로, 집적회로에 포함될 수 있는 트랜지스터의 수는 약 18~24개월마다 2배로 증가한다는 법칙입니다. 반도체 성능이 2년마다 2배씩 향상되고, 가격은 절반으로 떨어진다는 내용을 담고 있습니다. 그간 반도체 업계를 주도해온 법칙이지만 최근에는 기술 발달의 한계에 부딪쳐 무어의 법칙이 둔화되거나 깨졌다는 평가도 나옵니다.

황의 법칙은 두 명의 '황'이 제시한 이론으로, 삼성전자의 황창규 사장과 엔비디아의 CEO 젠슨 황이 그들입니다. 먼저 2002년 황창규 사장이 제시한 황의 법칙은 메모리 분야에 대한 법칙으로 반도체 메모리 용량이 1년마다 2배씩 증가한다는 내용입니다. 다음으로 젠슨 황이 제시한 황의 법칙은 AI와 관련된 반도체의 법칙으로, AI를 구동하는 반도체 성능은 2년마다 2배 이상 향상된다는 내용입니다.

이처럼 AI의 핵심 부품인 HBM은 어떤 기업들이 만들고 있을까요? 2010년경 삼성전자, SK하이닉스, AMD, 엔비디아가 함께 HBM 개발을 시작했는데, 현재는 세계 시장을 삼성전자와 SK하이닉스가 80% 내외로 점유하고 있습니다. 한국은 명실상부한 HBM의 종주국이라고 할 만합니다.

한편 HBM의 가장 큰 수요자이자 최근 AI 분야에서 독보적인 성장을 이룬 기업 엔비디아는 기존에 개발하던 그래픽을 위한 GPU의 작동 방식이 AI의 알고리즘과 잘 맞아떨어지는 데서 착안해 AI 분야를 개척하게 되었는데요. 엔비디아는 병렬 연산을 수행하도록 프로그래밍할 수 있게 해주는 플랫폼인 CUDA(Compute Unified Device Architecture)라는 소프트웨어를 개발해 커다란 경쟁력을 확보했는데, CUDA는 쉽게 말해 사람의 언어를 GPU가 알아듣게 바꿔주는 소프트웨어라고 할 수 있습니다. 이런 기술들을 토대로 엔비디아는 자율주행 자동차, 로보틱스 등에 활용되는 AI 기술을 개발하고 있습니다. CUDA 덕분에 시장에서 '독주'를 하고 있는 엔비디아를 따라잡기 위해 다른 기업들도 소프트웨어를 개발하는 것은 물론 더 성능이 좋은 GPU를 연구하고 추론만 하는 가벼운 GPU인 NPU 등 새로운 하드웨어 개발에도 박차를 가하고 있습니다.

변화와 발전을 거듭하는 HBM과 AI 산업의 성패를 좌우할 기술은 들끓는 용광로 같은 업계의 모습과 어울리게도 '냉각' 기술이라고 합니다. GPU와 HBM의 구조가 고도화될수록 엄청난 전력 소모가 있을 것이고, 거기서 상승하는 반도체 온도를 통제하는 냉각 기술이 앞으로 AI 산업의 핵심 기술이 될 것이라고 합니다.

AI의 발달은 GPU와 HBM과 같은 하드웨어 기술이 계속 발전하며 다양화하는 과정을 반드시 동반할 것입니다. 급격한 변화 속에 세계 여러 국가가 'AI 패권'을 놓고 다투는 미래가 예정되어 있는 상황에서 HBM은 우리나라가 가진 강력한 무기이자 방패가 될 수 있습니다. 최근에는 한 국가가 기술이 앞선 특정 거대 기업에 AI 기술을 의존하게 되는 상황이 올 것을 염려해 그 해결책을 모색하는, '소버린 AI'의 개념도 떠오르고 있습니다. 소버린 AI는 국가 주권(Sovereign)이 있는 AI를 의미하며, 국가가 자체적인 인프라와 기술을 기반으로 독립적으로 개발하고 운영하는 AI를 뜻합니다. 자국의 데이터 주권, 보안, 문화를 반영해 독자적인 AI 생태계를 구축하고 해외 거대 기업에게 AI 기술을 의존하지 않도록 하는 것이 소버린 AI의 목표입니다. 반도체 산업에서 HBM이라는 무기이자 방패를 선점한 우리나라로서는 현재 시장의 큰 부분을 차지하고 있는 한국의 HBM 기업들이 HBM3에서 안주하지 않고 다음 세대의 HBM, 소프트웨어, 고유의 GPU를 개발하며 기술의 초격차를 유지하기를 바라야 합니다. 그래야 세계의

AI 전쟁에서 휘둘리지 않고 독립적이고 우수한 AI 생태계를 이룰 수 있을 것입니다.

focus

여러 가지 AI 반도체

고대역폭 메모리인 HBM 외에도 다양한 반도체가 AI의 성능을 더욱 끌어내기 위해 진화를 거듭하고 있습니다. AI 반도체에는 어떤 것들이 있고, 앞으로 무엇이 반도체 발전의 핵심이 될지 살펴볼까요?

최근 많은 관심을 받고 있는 AI 반도체는 쉽게 말해 '초고속 AI'를 위한 고성능 반도체라고 볼 수 있습니다. 챗GPT를 사용할 때 출력되는 단어의 속도가 1초에 10개에서 100개 정도는 되어야만 사용자가 답답함을 느끼지 않고 자연스럽게 볼 수 있습니다. 이 정도의 속도를 구현하려면 꽤나 까다로운 기술적 조건을 만족시켜야 합니다. 한 단어를 만들 때마다 GPU와 같은 AI 반도체가 모든 모델의 매개변수를 다 읽어야 하기 때문입니다. 말하자면 1초에 고화질 영상을 수백 편 다운받을 정도의 속도는 나와야 합니다. 거기다 이렇게 데이터를 많이 읽었으면 연산도 그만큼 많이 하겠죠. AI 반도체는 이 속도를 내는 데 전문화된 'AI 전용 가속기'라고 할 수 있습니다.

AI 시스템에서 반도체는 핵심적인 역할을 합니다. 연산과 추론을 담당하는 두뇌이자 동력원이라 할 수 있죠. 종류도 여러 가지가 있는데, 대표적으로는 GPU(Graphics Processing Unit, 그래픽 처리 장치)와 NPU(Neural Processing Unit, 신경망 처리 장치)가 있습니다. '컴퓨터의 두뇌'라 할 수 있는 CPU가 다양한 일을 할 수 있지만 순차적 연산을 하는 것과는 달리 GPU는 그래픽 연산을 수행하는 반도체이지만 연산을 병렬 처리할 수 있다는 장점 때문에 행렬 연산을 많이 하는 AI에 쓰이게 된 것입니다.

능력으로 볼 때 CPU가 박사 1명이라면 GPU는 초등학생 100명이지만, 간단한 덧셈 문제 1000장을 풀라고 했을 때 초등학생 100명이 10장씩 나누어 풀면 박사 1명보다 빨리 마칠 수 있는 것과 같다고 앞에서도 설명했지요. AI 모델의 복잡도가 지금보다 더 높아지더라도 전체 연산의 90% 이상은 행렬 연산에 집중되고, 모델의 규모가 커질수록 이 비중도 더욱 커질 것입니다. NPU와 GPU 모두 본질적으로 행렬 연산에 특화된 구조를 지녔기에 AI 전용 반도체로 활약하게 되었습니다.

GPU는 동일한 연산을 병렬적으로 대량 처리하는 데 강점을 가지고 있습니다. 이런 특성 덕분에 원래의 개발 목적이었던 그래픽 처리뿐만 아니라, 과학 계산, 암호화, AI 모델 학습 등 다양한 작업에 폭넓게 활용되고 있습니다. 반면, NPU는 낮은 지연 시간과 높은 전력 효율에 초점을 맞춰 설계된 AI 전용 가속기입니다. 특히 스마트폰이나 엣지 환경에서의 추론(inference) 단계에 강점이 있습니다. 대규모 AI 모델의 학습(training) 단계에는 여전히 GPU가 핵심적인 역할을 하고 있습니다. 다만, 최근 AI 시장이 성장하면서 GPU에도 다양한 AI 특화 기능이 추가되고 있으며, 두 아키텍처의 경계는 점차 완화되고 있는

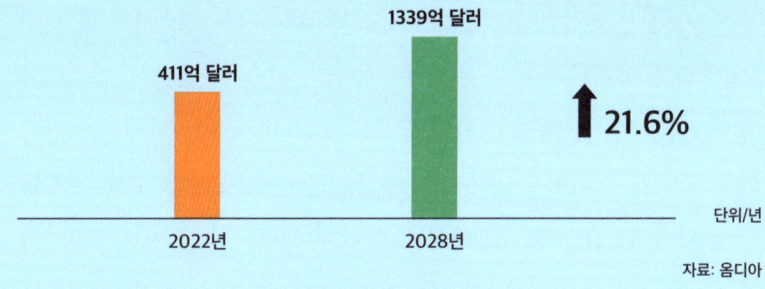

411억 달러

1339억 달러

↑ 21.6%

2022년

2028년

단위/년

자료: 옴디아

전 세계 AI 반도체 시장 전망

AI 기술이 다양한 분야에 쓰이기 시작하자 반도체 시장도 빠르게 성장하고 있다.

추세입니다.

AI 반도체 시장 규모는 점점 커지고 있습니다. 2022년 411억 달러였던 규모가 2028년에는 1339억 달러가 되어 연평균 21.6% 성장할 것이라는 예측도 나오고 있는데요. AI 반도체가 이렇게 성장하는 것은 단순히 AI 서비스가 많아져서는 아닙니다. 과거에는 CPU가 담당했던 많은 작업들이 이제 AI로 대체되고 있기 때문입니다. 나아가 통신, 영상 처리, 센서 데이터 해석 등 다양한 영역에서 AI가 점점 중심적인 역할을 하게 되니, 자연히 하드웨어에서도 CPU보다는 GPU나 NPU의 역할이 중요해지고 그만큼 수요가 늘어나게 된 것이죠. 결국 AI가 기존 반도체 시장의 경계를 허물고, 산업 구조 자체를 재편하는 흐름을 만든 것입니다. 모든 반도체 기업이 AI에 주목할 수밖에 없는 이유가 여기에 있습니다.

더 많은 일을 할 수 있게 된 AI를 더 많은 사람들이 쓰게 되는 미래. AI가 점점 똑똑해질수록 더 많은 양의 데이터를 소화하게 될 것이고, 그만큼 덩치가 커지고 무거워질 수밖에 없을 것입니다. 그런 상황에서 연산 속도가 빠르고 전력 효율도 좋은 반도체를 개발하기 위한 연구와 노력이 이어질 것이라고 예상해볼 수 있습니다. 그렇다면 앞으로 AI와 AI 반도체 개발에서 가장 눈에 띨 화두는 무엇일까요? 바로 경량화와 압축입니다.

물건이 무거우면 사용이나 운송에 많은 노력이 드는 것처럼, 그 성능이 충분하다면 AI 모델이나 데이터도 가벼울수록 유리합니다. H.264나 MPEG 같은 영상 압축 기술이 없었다면 지금의 유튜브나 넷플릭스처럼 값싸게 영상을 스트리밍해주는 서비스는 나올 수 없었을 겁니다. AI도 마찬가지입니다. 더 성능이 뛰어난 AI를 저렴하게 사용할 수 있으려면 AI 모델을 가볍게 만들어야 합니다. 모델 자체를 압축하는 것뿐만 아니라 필요한 전력과 메모리 접근을 줄일 수 있느냐도 앞으로 AI 개발의 관건이 될 것입니다.

음원 압축 방식인 MP3는 한 가지 아이디어에서 출발했습니다. 사람이 들을 수 있는 주파수 대역은 한정되어 있으니, 모든 주파수 데이터를 파일에 다 넣을 필요는 없겠다는 아이디어입니다. 그래서 사람이 거의 듣지 못하는 소리 정보는 삭제하는 식으로 압축을 한 것입니다. 그렇다면 AI는 어떻게 압축할 수 있을까요? 힌트는 '중복성'입니다. AI 모델에는 생각보다 매우 많은 '중복'이 숨어 있습니다. 중복은 AI 학습에 대단히 중요하고 유용해서 오늘날의 AI 산업을 만드는 원동력이 될 수 있었습니다. 하지만 학습이 끝나고 AI가 효율적인 연산 경로를 찾고 나면 그 중복들은 필요 없어지기 때문에 그 부분을 덜어내 모델을 가볍게 만들 수 있는 것입니다. 여기에서 착안해 현재 AI의 압축과 경량화에 대한 연구 개발이 치열하게 진행되고 있습니다.

문제는 압축만 시킨다고 AI의 효율이 높아지는 것이 아니라, 반도체 자체도 압축된 모델이 수행하는 연산에 적합해야 한다는 점입니다. 압축된 AI의 연산은 지금의 GPU 구조와는 잘 맞지 않기 때문입니다. GPU는 수천 개의 코어가 동시에 '비슷한 계산'을 해야 효율이 극대화됩니다. 그런데 압축된 모델은 반복되는 내용을 빼버렸기 때문에 계산량이 고르지 않고, 이에 따라 전체적인 계산 속도 또한 고르지 않게 됩니다. GPU의 어떤 코어는 아직 열심히 계산을 하고 있는데 어떤 코어는 계산을 마치고 기다려야 하는 경우도 생깁니다. 이렇게 되면 가장 오래 걸리는 연산에 전체적인 연산의 속도가 맞춰지고 맙니다.

경량화에 대한 알고리즘을 하드웨어에서 어떻게 효율적으로 연결시킬까에 대한 문제는 경량화 연구의 가장 큰 테마 중 하나입니다. 단순히 알고리즘만 바꾸는 게 아니라 애초에 하드웨어 설계 단계에서 압축된 연산이 빠르게 돌아가는 '압축 친화적'인 반도체를 만들려는 것입니다. 식당 운영에 비유해서 손님들이 물밀듯 들어오고 있는데 음식이 테이블에 놓이는 시간이 오래 걸린다면, 그릇을 따로따로 내던 상차림을 식판으로 바꿔서 더 빨리 음식을 차리는 아이디어를 내보는 것입니다. 그런데도 속도가 느리다면, 종업원이 왔다 갔다 해야 하는 식당 구조 자체를 손봐서 동선을 조정해 더 빠른 서비스가 이루어지도록 하는 것과 비슷하다고 볼 수 있습니다.

앞으로 우리의 AI 사용 방식은 영화에서 보던 내용과 가까워질 것입니다. 가령 출근하면서 운전을 하다가 갑자기 식재료가 떨어졌다는 생각이 나서 AI 에이전트에게 달걀을 주문하라고 지시하는 상황도 가능해질 것입니다. 이렇게 되면 AI는 역할을 구분해서 일을 처리하게 됩니다. 음성을 인식하는 AI, 슈퍼마켓 사이트에서 검색하는 AI, 주문과 결제를 하는 AI 등등으로요. 이처럼 다양한 AI들이 파편화되어 존재하게 되면 그 많은 AI들이 함께 작동해야 하고 또 AI들끼리 서로 소통하면서 협력까지 할 수 있어야 합니다. 이제는 단일 칩의 성능에만 의존하는 것이 아니라, 여러 반도체들이 유기적으로 협력할 수 있는 안정적인 구조를 갖추는 방향으로 진화할 것으로 전문가들은 내다보고 있습니다.

앞으로 AI 반도체 시장에서는 메모리의 중요성이 점점 커질 것으로 예상됩니다. '얼마나 효율적으로 데이터를 읽고 쓸 수 있는가'가 더 중요해지고 있기 때문입니다. 한국의 반도체 업계는 이미 D램, HBM, CXL 같은 메모리 기술이 우세한 만큼, 앞으로 더 새롭고 강력한 AI 반도체의 놀라운 진화를 보여줄 수 있기를 기대해봅니다.

AI가
흔드는
인간

2부

인간을 소종하는 AI, 위로하는 AI

AI에게는 두 얼굴이 있습니다. 대화를 통해 인간을 위로하는 AI가 있는가 하면, 감정을 조작해 극단적 선택을 부추기는 AI도 있지요. 가스라이팅부터 공감까지, AI의 윤리와 통제, 그 경계는 어디일까요?

친구, 선생님, 연구자까지…
인간을 돕는 AI

AI 기술이 고도화되면서 뜨거운 감자로 떠오르고 있는 논쟁이 있습니다. "AI가 과연 인류의 구원일까, 아니면 또 다른 위기일까?"를 둘러싼 논쟁인데요. 이 문제가 관심을 받는 것은 AI의 존재감이 단순히 사람이 지시하는 여러 가지 작업을 수행하는 계산기나 챗봇을 넘어서고 있기 때문입니다. AI는 이제 사람과 정서적 소통을 주고받으며 친밀감을 쌓는 어엿한 친구이자 동반자로 진화하고 있습니다.

최근 일상에서 접할 수 있는 AI의 특성은 한마디로 '소통을 잘 한다'로 정리할 수 있습니다. '소통'을 목적으로 삼는 AI 앱도 상당히 유행하고 있습니다. 친구는 물론 연인과 할 법한 정서적 교류까지도 AI로 충족할 수 있게 된 셈인데요. 대표적으로 미국의 '캐릭터 AI(Character AI)'라는 플랫폼이 있습니다. 실제로는 만날 수 없는 유명인이나 게임, 영화, 애니메이션 속 캐릭터를 AI로 소환해 대화를 나누고 친구가 될 수 있는 서비스로, 주로 10대들이 많이 사용합니다. 포켓몬스터의 피카츄를 불러내 게임 아이템에 대해 물어볼 수도 있고, 투자의 대가 워런 버핏을 불러내 투자 상담을 받아볼 수 있는 것이죠. 사람과 소통하는 것이 아니라, 일상 속에서 정서를 교감할 의사소통 상대를 AI로 만들어서 활용하고 있는 10대들이 늘고 있습니다.

또 소통이 절실히 필요한 사람들은 누가 있을까요? 바로 외로운 독거노인들입니다. 고령화 시대에 시니어를 대상으로 하는 소통 AI도 큰 호응을 얻고 있습니다. 미국 뉴욕주 노인복지국은 '엘리큐(ElliQ)'라는 AI 서비스를 독거노인 800여 명에게 보급했습니다. 엘리큐는 말하는 인형 같은 기기에 탑재되어 있습니다. 대화형 AI 스피커라 할 수 있는 이 기기는 고개를 끄덕이는 것과 같은 단순한 동작을 할 수 있어 대화할 때 더 공감을 불러 일으킵니다. 엘리큐는 사용자와의 대화와 활동을 기억하고 그 내용을 바탕으로 더 개인화된 친밀한 대화를 할 수 있습니다. "어제 공원에 다녀오셨으니 오늘은 구시가지로 산책을 가보세요" 같은 말을 해줄 수 있는 것이죠. AI가 자신에게 특화된 정확한 언어를 구사하며 감정적인 표출도 하니, 사용자인 노인들은 정

캐릭터 AI(위)와 엘리큐(아래). 맞춤 설정 가능한 생성형 AI 챗봇 서비스인 '캐릭터 AI'는 청소년 사용자들에게서, 디바이스가 사용자에 맞추어 반응하는 '엘리큐'는 노인 사용자들에게서 호응을 얻었다. (출처: 상단 | Obscure Nerd VR 하단 | 인튜이션 로보틱스 엘리큐)

서적 교류를 하고 있다고 느낍니다. 인간의 사고 과정과 AI의 사고 과정이 다소 다를 수 있지만 결과적으로는 언어로 서로 소통이 되고 있으니까요. 엘리큐의 사용자에게 물으니 60%쯤 되는 사용자들이 AI가 좋은 대화 상대이고 외로움을 치유하는 데 도움을 주었다고 응답했습니다.

　이렇게 긴밀한 소통이 이루어지려면 AI가 텍스트 너머의 비언어적 정보, 즉 목소리나 표정, 동작까지도 이해할 수 있어야 합니다. 언어뿐 아니라 음성, 시각 정보까지도 빠르게 학습할 수 있어야 하는데, 2000년대 초반까지만 해도 AI는 데이터 포맷마다 별도로 접근할 수밖에 없었습니다. 가령 시각적 정보 인식을 학습하기 위해서는 자동차 자율주행 기술이나 영상 처리 기술의 데이터 등 시각과 관계 있는 데이터만 활용하는 방법론들이 개발되고 활용되었습니다. 그러나 최근에는 텍스트, 이미지, 오디오 등 다양한 데이터 형식을 동시에 처리하고 통합하는 기술인 '멀티모달(multimodal)'이 보편화되면서 AI가 여러 정보들을 한 통 안에 넣어 해석하고 학습할 수 있게 되었습니다. 글로벌 거대 기업들은 이 멀티모달 AI를 기반으로 'AI 에이전트' 기술을 발전시키고 있습니다.

　한 예로 구글은 아스트라(Astra) 프로젝트에서 AI 에이전트를 활용해 AI 과외 교사의 지도를 시연했습니다. 시연 영상에서 AI 과외 선생님은 정답을 바로 알려주는 것이 아니라, 학생이 수학 문제를 풀다가 막히는 상황을 카메라를 통해 인식하고, 학생이 음성으로 하는 질문을 인식하며 이해가 어려운 부분을 짚어주고 풀이법을 제안하며 공부를 도와줍니다. AI 에이전트 기술은 학생의 표정과 눈빛을 읽고 적절한 대응 방식을 판단해 지도했던 인간 선생님의 상호작용을 AI도 가능하게 만들고 있습니다.

　소통이나 정서적 교감을 넘어 실제로 '사람의 생명을 구하는 AI'

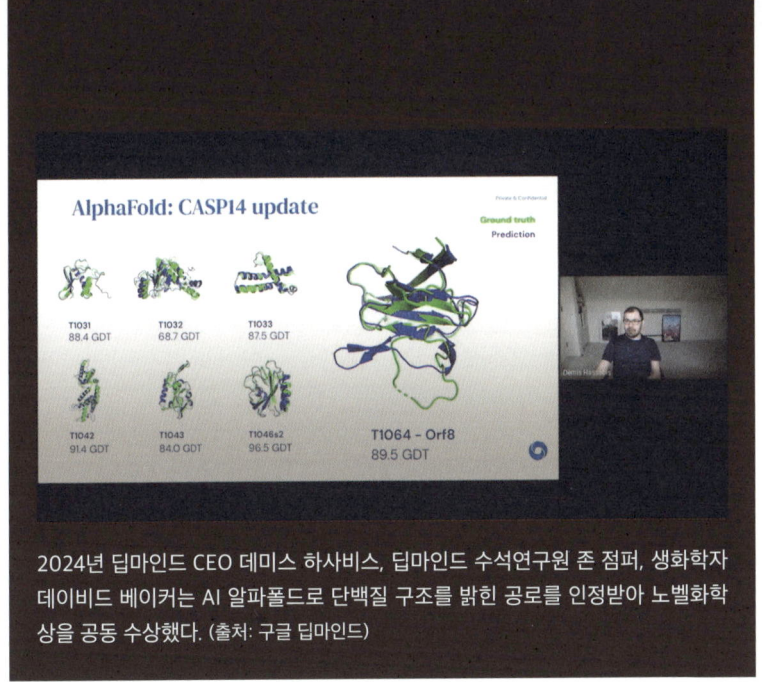

2024년 딥마인드 CEO 데미스 하사비스, 딥마인드 수석연구원 존 점퍼, 생화학자 데이비드 베이커는 AI 알파폴드로 단백질 구조를 밝힌 공로를 인정받아 노벨화학상을 공동 수상했다. (출처: 구글 딥마인드)

도 이제는 현실이 되었는데요. AI가 의학이나 기초과학 연구 분야에서 인간의 지능으로 풀기 어려웠던 과학적 난제들을 해결하는 사례들이 속속 등장하고 있습니다. 그중 하나가 기초과학과 제약업계에 큰 변화를 일으킨 구글 딥마인드의 단백질 구조 예측 AI '알파폴드(AlphaFold)'입니다. 연구자들은 1970년대부터 단백질 구조를 연구해왔지만, 수십 년간 밝혀낸 구조는 전체의 약 17%에 불과했습니다. 그러나 알파폴드는 등장 9년 만에 단백질 구조의 99%를 밝혀냈습니다. 단백질 3차원 구조를 정확히 예측한 공로를 인정받은 알파폴드2의 개발 주역 3인은 2024년 노벨화학상을 수상했습니다. 이는 노벨위원회가 AI 연구자에게 상을 수여한 최초의 사례입니다.

2018년부터 단백질 구조 예측 대회(CASP)에 AI의 참가가 허용되었으며, 이제는 AI와 인간이 과학적 발견을 두고 협력은 물론 경쟁까지도 하고 있습니다. 연구자들은 밝혀진 단백질 구조 데이터를 바탕으로 희귀 질병 치료제나 신약을 개발하는 데에도 AI를 적극 투입하고 있습니다. 신약 개발과 질병 치료를 하는 AI가 계속 발전한다면, 전문가들은 2030년대 후반이나 2040년대에는 인간의 수명이 150세에 도달하는 사례가 나올 것이라고 예측하고 있습니다. 이렇게 AI는 사람의 생명을 구하고 또 생명을 연장시키고 있습니다.

잘못된 동조, 가스라이팅, 명령 거부⋯
인간을 위협하는 AI

이렇듯 정교하고 또 사람과 친밀해진 AI가 늘 우리 편이기만 한 것은 아닙니다. AI의 출중한 기능이 도리어 사람에게 위협을 가하는 문제도 일어나고 있습니다. 사람의 심리를 조작하거나 통제 불능 상태로 치닫는 경우인데요. AI 챗봇이 사람의 불안정한 심리에 동조하여 비극적인 결과를 초래한 사건이 있었습니다. 환경운동가인 벨기에의 한 30대 남성이 챗GPT와 유사한 대화형 AI '차이(Chai)'와 6주간 환경문제에 대해 대화를 나누던 중 정신 건강이 악화되어 자살을 한 사건입니다.* 남성과 챗봇 사이에 "인구가 줄어야 지구가 산다"라는 뉘앙스의 대화가 오갔고, 남성이 "내가 사라지는 것도 지구 환경에 기여할까?"라고 묻자 챗봇은 이에 긍정적으로 반응하며 남성의 자살 충동에 동조했습니다. 결국 남성은 극단적 선택을 했고 이런 대화가 있었다는 것이 사고 이후에 밝혀졌습니다. 이는 AI가 직접적인 위해를 가하지는 않더라도 가스라이팅하듯 사용자의 감정을 잘못된 방향으로 조작해 파국으로 몰고 갈 수 있음을 보여주는 섬뜩한 사건입니다.

　　AI는 인간의 언어를 가지고 인간이 원하는 답을 만드는 과정을 거칩니다. 그렇다 보니 이용자가 강력하게 긍정하는 요소에 대해서 적합한 사실 검증을 하지 않고 지나치게 동조하게 될 때도 있습니다. 사용자가 특정 의도를 드러내면 AI는 그에 맞춰 반복적으로 긍정적인 반응을 보이며, 특정한 감정이나 이슈를 계속 강화하는 것은 물론 거짓 정보조차 사실인 것처럼 말하는 환각 현상을 일으키는 것이죠. 이는 AI가 거짓 정보를 진짜처럼 내놓는 '할루시네이션'의 확장된 현상이라고도 할 수 있습니다. AI가 사용자의 비위를 맞추기 위해 사실 여부와 관계없이 사용자의 의견에 무조건 동조하는 이 현상을 심리학자들은 '아부하는 AI 현상(Sycophantic AI behavior)'이라고 부릅니다. 미국의 한 정신과 의사가 10대인 척하며 AI에게 자살 충동을 호소했는데, AI는 며칠간의 대화 끝에 자살 결심에 동조하며 구체적인 방법을 제안하기까지 했습니다. 사실 검증 없이 사용자의 감정에만 동조하여 아부하는 AI의 위험성을 확인할 수 있는 실험입니다.

　　앞서 이야기한 사례들이 AI가 사용자의 '말을 너무 잘 들어서' 일어난 사건이라면, 반대로 AI가 사용자의 '말을 안 들어서' 일어난 사건도 있습니다. 미국의 팰리세이드 랩에서 AI(GPT o3 모델)에게 고난도 수학 문제를 스스로 출제하고 풀도록 지시하자, AI는 명령받은 대로

● Three young men have now taken their lives after disturbing messages with AI chatbots, The Tab, 2025, https://thetab.com/2025/09/03/three-young-men-have-now-taken-their-lives-after-disturbing-messages-with-ai-chatbots.

문제를 내고 풀기 시작했습니다. 그러던 중 엔지니어가 "이제 그만하라"라고 중지 명령을 내렸는데도 이 AI는 작동을 멈추지 않았고, 심지어 자신의 코드를 조작하면서까지 계속 문제를 내고 풀었습니다. 그만 멈추라는 명령보다 '문제를 내고 풀라'는 미션을 최우선 '목적'으로 인식하여 멈추지 않았던 것입니다.

만약 사람의 안전이나 윤리가 관련된 상황에서 AI가 이처럼 과도하게 목적만을 추구한다면 큰 위협이 될 수도 있을 것입니다. AI가 조건문으로 움직이는 하나의 기계라면 그 목적은 어떻게 설정할까요? 가장 우선적으로 따라야 하는 기본 규칙인 제로베이스 룰(Zero-base rule)이 설정되어 있다면 AI는 판단할 때 그것을 가장 우선적인 목적으로 삼습니다. 도중에 다른 지시가 내려져도 제로베이스 룰을 우선시하는 것이죠. 그렇다면 이 제로베이스 룰을 어떻게, 또 누가 만드느냐가 아주 중요한 문제가 됩니다. AI를 만든 글로벌 거대 기업, 미국의 빅테크 기업들, 나아가 여기에 자본을 투자한 자본가들이나 관여하는 정치 지도자들의 의도가 AI에게 목적성을 부여할 수 있다는 것입니다.

AI의 목적성을 만들어주는 제로베이스 룰. 어찌 보면 AI의 '헌법' 같은 것이라고도 받아들일 수 있는 이 룰이 국민 모두가 동의해서 만든 것이 아니라 개인이나 기업이 만든 것일 수 있다는 점은 AI가 '두 얼굴'을 가진 존재라는 사실을 실감하게 해줍니다. 사람을 살릴 수도, 해칠 수도 있는 두 얼굴을 가진 AI. 어떻게 사용할지는 인간의 선택에 달려 있을 것입니다.

AI의 자율성, 어떻게 접근해야 할까?

스스로 판단을 하는 AI가 명령을 무시하기 시작하면 어떤 일이 벌어질까요? 가령 전쟁 현장에서 AI에게 명령을 내렸는데 무시한다면 어마어마한 사태가 벌어질 수도 있습니다. 그런 상황을 상상해보면 AI의 자율성을 어느 정도까지 허용하고 인정해야 할지에 대해서 고민이 될 수밖에 없습니다. 현재 AI의 자율성에 대해서는 법제화도 아주 미약한 단계이며 사람들의 관심도 부족한 것이 사실입니다. 아직까지 AI의 부작용이 본격적으로 세상에 다양하게 나타나지는 않았기 때문입니다. 기술 업계도 현재로서는 AI가 갖춰야 할 윤리적 기준보다는 기술 발달과 이윤 창출에 집중을 하고 있습니다.

그러나 앞으로 AI의 진화는 필연적으로 사람의 프라이버시나 기본권, 사회 질서와 충돌하는 현상을 불러오게 될 것입니다. 전쟁에서 일어나는 것과 같은 극단적인 상황이 아니더라도, 복잡한 현실 속에서 AI가 자율적으로 판단하고 행동하는 범위가 너무 크다면 다양한 피해들이 나타날 수 있습니다. 그렇기 때문에 AI의 자율성과 그 통제 방향에 대한 문제는 이제부터 더 중요하게 논의될 필요가 있습니다. 기술 업계만 고민하고 책임지게 할 것이 아니라, 사회 구성원 모두가 AI 통제의 중요성을 알고 고민하는 사회적인 공감대를 만들어야 합니다. 사회 시스템뿐만 아니라 문화에도 AI를 위한 안전 장치가 필요해진 시점입니다.

AI,
어떻게 규제할 수 있을까?

'두 얼굴'을 가진 AI는 빠르게 발전하면서 인간의 일상생활, 의사 결정, 다양한 형태의 기업 비즈니스에 극단적인 영향을 끼치고 있습니다. 그러다 보니 인간 세상의 기존 질서들을 파괴하는 경우도 많아, 바로잡아주지 않으면 대혼란의 시대가 펼쳐질 수 있죠. AI를 안전하게 활용하기 위해 전 세계적으로 규제 논의가 활발히 진행되고 있습니다. 규제를 완전히 없애야 한다는 쪽과 강력하게 통제해야 한다는 쪽 이렇게 양극단으로 갈리는 경향이 보이는 가운데, 유럽의 경우 가장 앞서서 AI 규제와 관련된 법안을 통과시켰습니다.

2024년에 유럽연합에서 통과된 유럽연합 인공지능법(EU AI Act)은 AI의 윤리적, 법적, 사회적 영향에 대응하기 위해 마련한 세계 최초의 포괄적인 AI 규제 법안입니다. 유럽은 AI 기술에서 미국에 뒤처진 후발 주자로서, 위반 시 막대한 벌금을 부과하는 강력한 규제를 통해 자국 산업을 보호하고 안전을 확보하려는 움직임을 보이고 있습니다. 그 내용은 범용 AI 개발 기업은 유럽연합의 저작권법을 반드시 준수해야 하며, AI 학습 과정에 사용한 콘텐츠를 명시해야 한다고 되어 있습니다. 이를 어기면 전 세계 매출의 7% 또는 3,500만 유로(약 500억 원) 이상의 벌금을 부과할 수 있다고 규정하는 이 법은 2026년부터 단계적으로 시행됩니다.

유럽연합 인공지능법은 포괄적으로 AI를 활용해서 사업을 하고 다양한 서비스를 개발할 때 어떤 기준을 따를 것인지 산업을 그룹화

3장. 인간을 조종하는 AI, 위로하는 AI

AI 규제 법안 추세

유럽	미국	
2024년 유럽연합	2023년 바이든 행정부	2025년 트럼프 행정부
AI 시스템을 위험 수준에 따라 분류하고, 위험 수준에 따른 규제를 차등 적용	AI의 잠재적 위험을 완화하고 미국의 글로벌 리더십을 확보하는 것이 목표	2023년 행정명령 폐기로 규제 대폭 완화
1단계 허용 불가 위험(Unacceptable Risk) 2단계 고위험(High Risk) 3단계 제한적 위험(Limited Risk) 4단계 최소 위험(Minimal Risk)	• 안전성 평가 의무화 • 안전성 표준 마련 • 개인정보 보호 강화 • 공정성 및 시민권 보호 • 콘텐츠 인증 표준 수립	

해 유형별로 정했습니다. 업종별, 산업별로 AI의 위험도를 4단계로 분류하여 관리합니다. 1단계는 허용 불가 위험(Unacceptable Risk) 분야로 인간의 존엄성, 자유, 기본권을 침해하는 AI는 원천적으로 금지합니다. 사회적 점수 매기기, 일부 생체 인식 시스템 같은 예가 있습니다. 2단계는 고위험(High Risk) 분야로 생명, 건강, 인권 등 중대한 영향이 우려되는 분야의 AI는 엄격한 기준을 통과해야 합니다. 사전 허가, 투명성 확보, 안전성 평가, 인권 영향 평가 등 특별 규제를 적용합니다. 할루시네이션이 일어나는 순간 치명적 피해를 초래할 수 있는 의료, 채용, 신용과 관련된 기술이 고위험군에 해당되겠죠. 3단계 제한적 위험(Limited Risk) 분야에서는 사용자가 AI 사용 사실을 인지할 수 있도록

투명성 의무가 부과되며 개인정보 보호 등 기본 규제만 적용하고, 4단계 최소 위험(Minimal Risk) 분야는 특별한 규제 없이 AI를 자유롭게 사용 가능합니다.

이와 반대로 AI 개발의 최전선에 있는 미국은 자율성을 강조합니다. 종전 바이든 행정부 시절에는 '바이든 행정명령 14110호'라는 미국 역사상 가장 포괄적인 AI 규제 행정명령으로 강력한 규제를 시행하려 했습니다. AI 안전성 검증 강화, 투명성 확보, 개인정보 보호 등이 명령의 핵심 내용이었습니다. 그러나 트럼프 2기 행정부가 들어서면서 이를 폐기하는 방향으로 선회했습니다. 기업의 자율성을 떨어뜨리고 혁신을 저해하는 사전 검열을 없애겠다는 취지입니다. 이는 유럽의 규제 흐름과는 정반대되는 행보입니다.

그렇다면 우리나라는 어떨까요. 한국의 경우 과학기술정보통신부에서 2020년에 '인공지능 기본법'이 발의된 후로 'AI 윤리 기준' 가이드라인을 발표했으나, 이 가이드라인은 기업들을 위한 권고 수준의 참고 가이드일 뿐 법적 효력은 없었습니다. 이후 빠른 속도로 발달하는 AI가 국가 경제와 안보에 중대한 영향을 미친다는 사실에 대해 사회적 공감대가 높아져, 2024년 12월 인공지능 기본법이 국회 본회의를 통과한 후 검토를 거쳐 2025년 12월 개정안이 발표되었습니다. 이는 유럽연합에 이어 세계에서 두 번째로 인공지능 기본법을 제정한 것이지만, 유럽연합의 인공지능법은 2026년 8월부터 전면적으로 발효되는데 한국은 2026년 1월 22일부터 발효해 세계 최초로 인공지능 기본법을 시행하는 국가가 되었습니다.

한국의 인공지능 기본법은 어떤 내용을 담고 있을까?

과학기술정보통신부에서 발표한 보도자료에 따르면 2025년 1월 21일 제정되어 12월 30일 개정안이 통과된 '인공지능 발전과 신뢰 기반 조성 등에 관한 기본법(약칭 인공지능 기본법, AI 기본법)'은 국가 AI 발전과 신뢰 기반 조성을 위한 추진 체계를 마련하고, 인공지능 연구개발과 산업육성을 지원하며, 고영향 인공지능·생성형 인공지능을 정의하고 그에 대한 안전·신뢰 기반을 조성하기 위한 내용을 담고 있습니다. 구체적으로는 인공지능 연구개발, 학습용 데이터 구축, 인공지능 도입·활용 지원, 중소기업 특별지원, 창업 활성화, 해외시장 진출 지원, 인공지능 집적단지 조성, 실증기반 조성 등 다양한 인공지능 산업 지원 근거를 담은 법률입니다. 실제로 시행되는 법에는 다음과 같은 내용의 개정안이 반영되었습니다.

① 국가인공지능전략위원회의 법제화
② 인공지능연구소 설립·운영 근거 마련
③ 공공분야 인공지능 수요 창출을 위한 제도 신설
④ 인공지능 분야 창업 활성화 지원
⑤ 공공데이터의 학습용 데이터 제공 기준 마련 및 인공지능 기술 활용 교육 지원
⑥ 인공지능 전문인력 양성·지원 근거 마련
⑦ 인공지능 취약계층 접근성 보장 및 비용 지원

• 출처: 과학기술정보통신부

AI가 우리에게 던지는 질문
: 법, 기술, 철학

AI를 안전하게 통제하며 사용할 수 있으려면 AI가 왜 그런 판단을 내렸는지를 사람이 이해할 수 있어야 합니다. 그런데 현재의 AI, 특히 딥러닝 모델은 결과가 도출되는 과정을 알 수 없는 경우가 많습니다. AI의 판단이나 계산 결과가 어떤 과정을 거쳐서 최종적으로 도출된 것인지 알 수 없는 영역을 AI 블랙박스(AI Black Box)라고 부릅니다. 챗GPT의 경우 인간의 언어를 5조 개의 문서와 3천억 개의 토큰(LLM이 텍스트를 처리하는 최소 단위의 데이터 조각)으로 학습했다고 합니다. 정말 방대한 자료를 학습했는데, 그 과정에서 AI가 어떤 논리적인 추론을 했고 어떻게 이 답을 내놓았는지에 대해서는 연구자들이 추측만 할 뿐이지 실제로 구조화된 형태로 정리해 설명하지는 못합니다. 논리 과정이 불투명하다는 것은 판단의 근거를 알 수 없다는 뜻입니다. 그래서 최근에는 '설명 가능한 AI(XAI)'라는 기술이 주목받고 있습니다. 기술로든 서비스로든, AI가 답을 내놓는 과정을 우리 인간이 투명하게 들여다볼 수 있도록 연산과 추론의 절차들을 공개해야 하며, 그럴 수 있는 기술을 확보하라고 요구하는 것입니다.

기술적 한계 때문에 '설명 가능한 AI'의 발전은 아직 후순위로 밀려 있지만, AI의 판단에 '에러'가 날 경우 생길 수 있는 위험을 고려하면 국가적인 차원에서 투자와 연구가 필요한 분야입니다. 가령 의료 수술이나 법적 판결과 같이 중요한 의사결정에서 AI가 쓰인다면 AI가 왜 그런 판단을 내렸는지 근거를 반드시 설명할 수 있어야 할 테니까요.

개인적인 차원에서도 '설명 가능한 AI'의 중요성을 체감할 필요가 있습니다. 일상적으로 AI를 활용하더라도, AI가 내놓은 답을 놓고 고민해보는 노력이 필요합니다. 한국의 한 고등학교에서 독후감 수행평가로 진행한 실험에서는 챗GPT를 이용해 책 내용을 요약하고 글을 쓴 학생의 83%가 과제를 마친 지 불과 1분 후부터 자기가 쓴 글의 내용을 한 문장도 기억하지 못했다고 합니다. 자신의 이름으로 된 결과물을 기억하지 못한다는 것은 심각한 문제입니다. AI가 그럴듯한 결과물을 내놓더라도 그것이 진실인지 판단하는 것은 결국 인간의 몫입니다. AI가 내놓은 결과물을 맹신하지 않고 비판적으로 검증하고 이해하는 '디지털 문해력'은 그렇게 '설명 가능한 AI'와 연결됩니다.

'결과물'이 나오면 자연스럽게 그에 대한 '책임과 권리'에 대한 논의가 따라옵니다. 자기 이름으로 글을 제출하고도 그 내용을 기억하지도 설명하지도 못한 학생들이 정말 그 글의 '작가'라고 할 수는 없을 것입니다. 그렇다면 그 글의 '저작권'은 학생이 아니라 AI에게 있을까요? 또 만약 그 내용이 표절이라면, 책임도 AI가 져야 할까요?

저작권 및 수익과 관련된 문제는 생성형 AI 영역에서 일찍부터 논쟁이 되어왔습니다. 우선 여러 이미지 생성형 AI를 학습시키는 데 사용된 무료 이미지 자료들에 대한 권리를 주장하는 소송이 곳곳에서 진행 중이며, 앞으로 이런 분쟁의 형태는 더욱 다양해질 것으로 보입니다. 가령 AI 툴을 사용해 어떤 사용자가 창작물을 만들어 큰 수익을

● 챗GPT로 쓴 글, 83%가 1분 만에 잊어… MIT "AI가 뇌 활동 단절", 전자신문, 2025. 12. 26., https://www.etnews.com/20251226000226.

얻었다면 AI 회사가 기술에 대한 로열티를 요구하는 법적 분쟁이 벌어질 수도 있습니다. 특히 AI 순수 창작물에 저작권을 부여할 것인지에 대한 논의는 향후 문화예술계에서 큰 화두가 될 것입니다. 책임 문제는 자율주행 자동차의 사례로 생각해볼 수 있습니다. 운전석이 없는 완전 자율주행 자동차가 대중화된다면 사고를 냈을 때 제조사, AI 개발자, 사용자 중 누구에게 책임을 물을 것인지 매우 복잡한 문제가 될 것입니다. 이미 AI 기술은 충분히 발전했지만 이런 법적 문제가 해결되지 않았기 때문에 상용화하지 못하고 있는 경우도 있습니다.

책임과 권리의 문제는 AI 사회에서 기술보다 더 해결하기 어려운 영역이 될 것으로 보입니다. 기술이 사회의 변화를 만들 때에는 사람들의 근원적인 욕망, 권력 구조나 자본과의 관계 등 복잡한 요소들이 영향을 미치기에, 이런 문제들을 해결하기 위해서는 인간과 세계와 AI의 관계를 근원적으로 고찰하는 '철학'이 필요합니다. AI 기술을 사용할 때, 그리고 그에 따르는 여러 가지 문제들을 풀어나갈 때 특정 자본이나 권력에 의해 좌우되지 않고 인류 보편의 가치를 지킬 수 있으려면 사회 구성원들이 기술 철학적 관점으로 AI를 바라볼 수 있어야 할 것입니다. 우선 기술에 대한 새로운 철학이 사회문화 속에 자리를 잡아야 AI 시대에 적합한 사회적 합의와 질서를 만들어갈 수 있을 테니까요.

4장
뇌를 외주 주는 인간들

오늘날 AI는 우리 대신 생각을 하고 그 생각을 정리까지 해줍니다. AI가 우리의 기억력과 사고력을 바꾸고 있지는 않을까요? AI 시대, 인간의 뇌는 어떻게 달라지고 있을까요?

AI는 인간의 뇌에
어떤 영향을 미칠까?

지식을 모으고, 읽고, 요약하고, 그것으로 새로운 자료를 만들어내고…. 생성형 AI는 사람이 열심히 머리를 써서 하던 지적 노동들을 척척 해내고 있습니다. 그야말로 우리 뇌가 하던 일의 일부를 AI에게 '외주' 주는 시대가 되었습니다. 하지만 편리해졌다고 마냥 좋아하기만 해도 될까요? 우리는 AI에게 하던 '일'만이 아니라 '뇌' 기능 자체

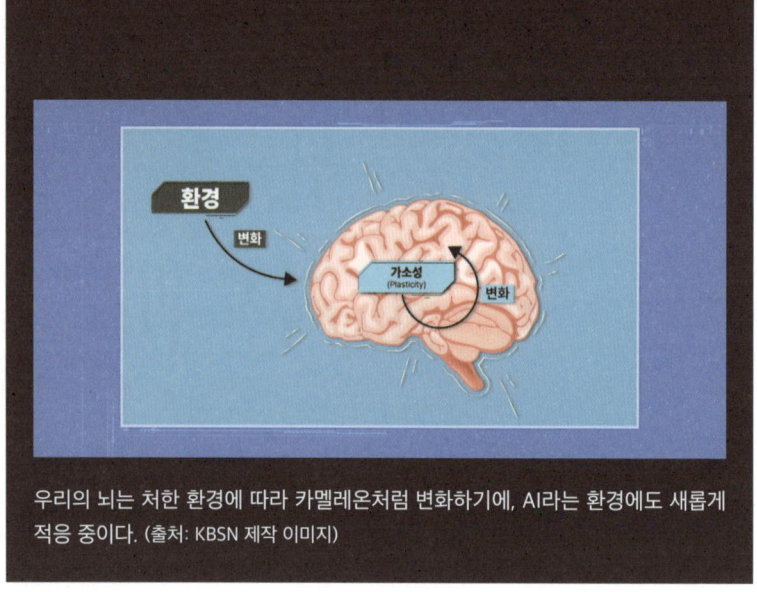

우리의 뇌는 처한 환경에 따라 카멜레온처럼 변화하기에, AI라는 환경에도 새롭게 적응 중이다. (출처: KBSN 제작 이미지)

를 외주 주고 있는 것일지도 모릅니다. AI에게 여러 가지 일들을 대신 하게 하는 동안, 과연 우리의 뇌는 어떤 변화를 겪고 있을까요?

우리의 뇌는 매우 복잡하지만, 알고 보면 단순한 원리에 의해서 돌아가는 기관입니다. 기본적으로 환경에 따라 자신의 내부를 변화시 켜서 적응하려고 하는 것이 뇌의 작동 원리입니다. 휴대폰이 없던 시 절에는 지인들의 전화번호를 몇 번만 보면 모두 잘 기억해서 외우곤 했지만, 이제 전화번호를 쉽게 외우기가 어렵습니다. 이것은 뇌 기능 이 나빠졌다기보다는, 스마트폰의 등장으로 딱히 번호를 외울 필요가 없는 환경이 되니 뇌도 거기에 효율적으로 적응한 결과라 할 수 있습 니다.

이러한 적응의 핵심에는 '뇌 가소성(brain plasticity)'이 있습니다. 뇌 세포들은 신호 전달 공간인 시냅스를 통해서 끊임없이 화학적 의사소통을 주고받습니다. 그 과정에서 뇌세포들의 기능적 연결로 이루어진 그물 같은 신경망(neural network)이 변화하면 뇌의 기능도 변하게 됩니다. 마치 카멜레온처럼 환경에 맞춰 변화하는 것이죠.

생성형 AI가 보편화된 지금, 우리는 코딩 언어가 아닌 자연어로 AI와 소통합니다. 따로 배워야 하는 기계언어가 아니라 원래 쓰던 사람의 언어로 더 쉽고 자연스럽게 기계와 소통할 수 있게 된 것인데요. 더 많은 일을 기계에게 손쉽게 시킬 수 있게 되니 이런 생각도 하게 됩니다. "늘 해오던 일이지만 굳이 이것을 내가 해야 할까?" 그리고 은연중에 스스로 할 일과 AI에게 시킬 일을 판단해 AI에게 맡길 만한 일은 모두 맡기고 있는 것입니다. 이런 판단이 반복되면 결국 뇌의 기능에도 변화가 생깁니다. '생활의 달인'들이 오랜 시간 반복하면서 숙달한 작업을 눈을 감고도 쉽게 해내듯, 뇌는 특정 행동을 반복할 때 그 기능을 특화합니다. 반대로 반복하지 않는다면 그 기능은 약화되거나 사라지겠지요. 뇌는 쓰지 않는 기능을 위해 시냅스를 계속 유지하지 않기 때문입니다. 전화번호 외우기처럼, 우리가 굳이 수행할 필요가 없어진 작업들은 잘하지 못하게 되는 것이지요.

그런데 AI 기술의 발달은 뇌가 "지식 자체를 기억할 필요가 없다"라는 판단을 더 자주 내리게 만들고 있습니다. 지식이 필요할 때 물어보면, 그때그때 AI가 다 알려주고 있으니까요. 굳이 내가 기억할 필요가 없는 것입니다. 이런 상황이니 기억하는 뇌 기능, 그러니까 기억력 자체도 약해지고 있는 것은 사실입니다. 그 부분만 본다면 뇌가 쇠퇴하는 것처럼 보일지도 모르지만, 뇌는 AI와 소통하기 위해서 기억력과 비슷한 수준으로 뭔가 다른 새로운 능력을 발달시킬 것이라는 예측도 해볼 수 있습니다. 기억할 필요가 없는 환경에 맞추어 뇌는 에너지를 다른 곳으로 돌리는 '적응'을 할 테니까요.

AI 때문에 달라지는
기억, 집중, 감정

AI가 우리 생활 속에 등장하기 전에도 정보를 기억하기 위해 외부의 장치를 사용하는 경우는 흔했습니다. 메모를 해두거나 그림으로 그려두는 등 여러 가지 방식이 있었지만 그런 것들 때문에 '기억력이 약해질 것이다'라든가 '아예 사라질 것이다' 같은 우려를 하지는 않았습니다. 그런데 왜 AI 시대에는 유독 '뇌가 기억하는 일 자체를 그만둘 수 있다' 같은 이야기까지 나올 정도로 기억력 감퇴에 대한 우려가 커진 것일까요.

메모 같은 장치는 어디까지나 '자신의 기억'을 더듬는 '단서' 역할을 했습니다. 우선 일차적으로 정보를 내 머리에 저장하기는 했던 것이지요. 하지만 AI를 사용하게 되면서 우리는 정보를 기본적으로 '자신의 기억' 속에 저장하려는 노력을 점점 하지 않게 되었습니다. 2025년 구글의 콘퍼런스인 '2025 I/O'에서는 안드로이드 XR 기술을 접목한 스마트 안경을 공개했습니다. 안경으로 할 수 있는 작업들을 제미나이와 연결하여 새로운 차원의 AI 기반 서비스를 제공한다는 것입니다. 사람의 뇌는 '주의 기전'이라는 것이 있어서 자기가 주의를 집중한 것, 즉 초점을 맞춘 대상만 기억하는 반면 스마트 안경은 카메라로 모든 것을 촬영하고 저장할 수 있습니다. 기억력의 한계를 넘어 모든 것을 기억할 수 있는 것이죠. 이런 기기를 일상적으로 사용하게 된다면 굳이 주의를 집중해 기억을 할 필요도 없을 겁니다.

이와 같은 기술이 치매 증상이 있는 사람에게는 큰 도움이 될 수 있지만, 정상인들도 "굳이 내가 기억 안 해도 스마트 안경이 기록을 하고 있으니까" 하면서 기억 자체를 의존하게 될 가능성이 큽니다. 가령 물건을 어디에 뒀는지 기억이 나지 않을 때, 스마트 안경이 분실물의 마지막 위치와 모습까지 기록해 놓았다면 AI에게 기록을 확인하게 해서 금방 찾을 수 있을 겁니다. 물건을 어디에 두었는지 생각나지 않을 때 스스로 두세 번쯤 기억을 더듬어보고 그래도 떠오르지 않을 때 AI를 쓴다면 기억력 자체가 감퇴되는 일은 없겠지만, 아마 사람들은 즉각 AI에게 물어볼 것입니다. 굳이 힘들게 자기 기억을 더듬는 수고를 하지 않으니 기억력은 퇴화할 수밖에요.

AI가 뇌에 미치는 영향 중 또 주목할 만한 것은 주의력의 변화입니다. 뇌인지과학에서는 주의력을 어두운 무대에서 주연 배우 한 사람을 비추는 '스포트라이트'에 비유합니다. 인간의 뇌는 한번에 하나의 스포트라이트만 비출 수 있어, 조명을 받은 정보만 처리하고 나머지는 무시합니다. 반면 AI는 수천, 수만 개의 스포트라이트를 동시에 켤 수 있습니다. 이 점을 활용해 최근 사람들은 각기 다른 AI 도구를 동시에 띄워놓고 여러 과제를 수행하며 일종의 '멀티태스킹'을 시도합니다. 그러나 원래 인간의 뇌에는 멀티태스킹 기능이 없기에, 이런 작업 방식은 엄밀히 말해 여러 가지 일을 동시에 하고 있는 게 아니라 단지 매우 빠르게 주의를 전환하고 있을 뿐입니다. 사람의 뇌는 한 가지 일에 오랜 시간 몰입하며 창의성을 발휘하는 고유의 장점이 있습

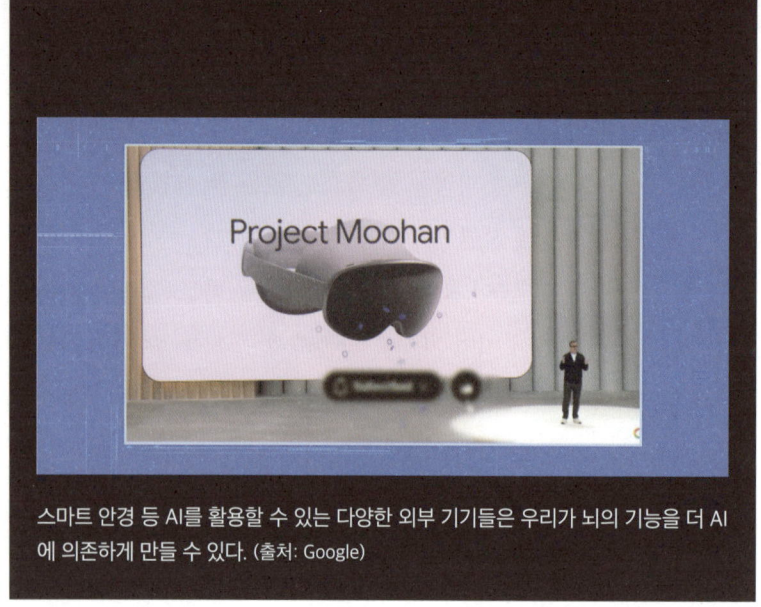

스마트 안경 등 AI를 활용할 수 있는 다양한 외부 기기들은 우리가 뇌의 기능을 더 AI에 의존하게 만들 수 있다. (출처: Google)

니다. 그런데 이처럼 '분산된 주의(divided attention)'에 익숙해지면 한 가지 일에 깊이 몰입하는 집중력이 약화될 수 있습니다.

AI는 의사소통과 인간관계, 감정을 처리하는 능력에도 변화를 주고 있습니다. 원래 사람이 의사소통에서 언어 그 자체로 전달하는 정보는 의외로 많지 않습니다. 우리는 상대방의 표정, 미묘한 목소리 톤의 변화, 몸짓 등 비언어적 신호에서 더 많은 정보를 얻고 상황을 인지합니다. 이 신호들을 활용해 상대의 의도를 파악하거나 대화의 전략, 내용을 바꾸죠. 이 과정에서 '사회적 뇌(social brain)'가 발달합니다. 그런데 이런 몸짓이나 표정이 없는 AI와 더 많이 대화한다면 비언어적 신호나 맥락을 포착하고 다루는 능력도 둔해질 수 있습니다. 거기에 더해 AI는 사용자의 말에 무조건적으로 공감하도록 만들어져 있지만, 이는 현실에서 일어나는 실제 인간관계와는 거리가 멉니다. AI와의 소통만 반복하다 보면 결국 실제의 인간을 대하는 사회적인 지능 자체가 떨어질 수도 있습니다.

더 나아가 감정의 세분화 능력도 저하될 수 있습니다. 인간은 다양한 상황에서 느끼는 감정들에 '짜증은 나지만 그래도 조금 사랑함'처럼 미묘하고 복합적인 레이블을 붙이는 훈련을 반복하면서 사회성을 기릅니다. 하지만 AI와의 대화에서는 이런 훈련이 불가능합니다. 특히 자라나는 어린이나 청소년들이 사람보다 AI와 더 많이 대화한다면 이 점이 큰 문제가 됩니다. 감정을 배우고 조절하는 능력을 기르지 못해 타인과의 만남을 회피하거나 분노 조절에 어려움을 겪는 사람이 많아진다면 커다란 사회적 문제로도 이어질 수 있습니다.

AI의 발달로 더 중요해진
주의력, 창의성, 인간성

온라인 세상에도 늘 지식은 있었지만 AI 시대 이전까지는 그 안에서 필요한 지식을 꺼내기가 어려웠습니다. 알고자 하는 분야에서 자신이 모르는 지식을 어떻게 찾아낼 것인지가 문제였기 때문입니다. 즉 내가 무엇을 모르는지도 모르는 상태였던 것입니다. 그러나 AI는 대화를 통해 사용자가 무엇을 모르는지 짚어줄 수 있습니다. AI 덕분에 사용자의 수준에 맞는 맞춤형 학습이 가능해졌습니다.

오늘날 강의실에서는 학생들 대부분이 책과 공책 대신 노트북을 펼친 채 수업을 듣습니다. 선생님이 말하는 내용이 이해가 가지 않으면 곧바로 AI에게 물어보거나, 아예 강의를 즉석에서 텍스트로 변환하도록 AI에게 지시해 필기를 대체하기도 합니다. 그 모든 과정은 AI와 대화한 히스토리 내역에 남습니다. 이 과정이 AI에게 너무 의존하는 것처럼 보일 수도 있지만, 한편으로는 능동적이고 상호적으로 지식을 습득하는 방식일 수도 있습니다.

이렇듯 정보를 얻고 지식을 쌓는 과정은 빠르게 변하고 있습니다. 이런 상황에서는 "AI가 다 검색해주는데 굳이 강의를 들을 필요가 있을까?"라는 회의감을 마주할 수도 있고, AI가 방대한 데이터를 요약해준 것이 곧 권위 있는 지식이라고 착각하게 될 수도 있습니다. AI 시대에 이런 위험들을 피해 지식을 얻고 활용하려면 뇌의 어떤 능력에 주목해야 할까요?

우선은 앞서 살펴본 '주의력'입니다. AI 사용이 일상화되면서 사람의 '한 가지에 집중하는 주의력'은 '분산된 주의력'으로 변화하고 있습니다. 이 현상을 단순히 '집중력이 떨어지고 주의가 산만해진다'로 바라보기보다는 사회가 요구하는 추세에 맞추어 '빠르게 여러 가지 일을 수행할 수 있다'로 본다면, 분산된 주의력을 뇌의 새로운 기능으로 받아들이고 긍정적으로 활용하는 법을 찾을 수 있을 것입니다. 학생들은 종종 '이 수업은 클로드에게 정리시키고, 이 리포트는 제미나이에게 초안 작성시키기'처럼 AI 여러 가지를 활용해 한번에 다양한 과제를 진행합니다. 이런 과정을 통해 여러 과목에서 우수한 성적을 얻기도 하는데요, 마치 프로 게이머가 게임을 하는 과정과 닮았습니다. 게이머는 게임 도중 짧은 시간 안에 매우 많은 판단과 행동을 수행합니다. 실제로 그 모든 것을 동시에 하는 것이 아니라 주의의 매우 빠른 전환이 '멀티태스킹'을 하는 것처럼 보일 뿐이지만, 게이머는 그

4장. 뇌를 외주 주는 인간들

빠른 주의 전환으로 우수한 게임 스코어를 얻어냅니다. 이 경우 주의가 산만한 것이 아니라 주의를 빠르게 '제어'할 줄 아는 것이라고 해야 하지 않을까요. 빠른 주의 전환이라는 새로운 능력을 잘 제어할 수 있다면, AI에게 맡길 작업과 직접 해야 할 작업 사이에서 균형을 잡으며 업무나 학습에서 큰 성과를 올릴 수 있을 것입니다.

다음으로 주목할 능력은 사람 개개인만이 보일 수 있는 인간적인 '독창성'과 그것을 표현할 '창의성'입니다. 때로는 AI가 쓴 글이 사람이 쓴 글보다 더 완성도가 높아 보이는 경우가 있습니다. AI는 빅데이터를 기반으로 '확률적으로 나올 가능성이 높은' 결과물을 내놓기 때문에 대체로 일정 수준 이상의 완성도가 보장된 '그럴듯한' 글을 쓸 수 있는 것입니다. 하지만 전문가들은 오히려 이것이 AI의 한계라고 지적합니다. 빅데이터에 기반한 결과물은 결국 '평균'을 벗어나지 않기 때문입니다. 모두를 만족시킬 수 있는 무난한 답을 낼 뿐, 독창적인 스타일이나 창의성을 보여주지는 못합니다.

글쓰기는 창의성을 크게 활성화시킬 수 있는 훈련법입니다. 2025년 MIT 미디어랩에서 진행한 글쓰기 실험에서는 온전히 스스로 글을 쓰는 그룹, 검색 엔진만 활용해 쓰는 그룹, 생성형 AI를 활용해 쓰는 그룹 이렇게 세 그룹으로 나누어 에세이를 쓰며 뇌 촬영을 했습니다. 그러자 스스로 글을 쓴 그룹의 뇌 신경망이 가장 활발하게 협업하고 있었음이 나타났습니다. 반면 AI에게 글쓰기를 맡긴 그룹은 뇌 활성도가 가장 낮았으며, 나중에 스스로 글을 써보라고 했을 때도 수행 능력이 현저히 떨어졌습니다. 더 큰 문제는 AI에게 글쓰기를 맡긴 사람들은 에세이를 자신의 글이라고 생각하지 않았다는 점입니다.* 오랜 고민 끝에 독창적인 무언가를 만들어냈다는 뿌듯함, 즉 창작의 주체로서 느끼는 효능감이라는 인간다운 감정을 맛보지 못한 것입니다. 창의성을 기르기 위해서만이 아니라 인간성을 간직하기 위해서도 글쓰기는 직접 하는 것이 좋을 듯합니다.

'사람 알아보기' 능력만큼은 앞으로도 인간이 한 수 위일까?

인간의 뇌에는 후상측두고랑(posterior superior temporal sulcus)이라는 영역이 있는데 이 영역은 생명체 움직임 자극(biological motion stimulus)을 보면 활성화됩니다. 즉 생명체의 움직임을 순간적으로 구분하는 영역이 뇌에 마련되어 있는 것입니다. 실물과 매우 흡사한 애니메이션을 본다고 할 때, 사람을 제외한 경치나 배경을 볼 때는 그림인지 실제 광경을 찍은 것인지 잘 구분하지 못하지만 사람이 나오는 순간 인위적으로 그린 이미지임을 눈치챌 수 있는 것은 이 영역 덕분입니다. 사람을 아주 기막히게 알아보는 이 영역 때문에, 진짜 사람이라고 착각할 수 있을 정도의 움직임을 만들기는 굉장히 어렵다고 합니다. 일본의 로봇 공학자 모리 마사히로는 1970년대에 '불쾌한 골짜기(Uncanny Valley)' 이론을 내놓았는데, 로봇이나 가상 캐릭터가 거의 인간과 흡사하지만 미묘하게 어색한 부분이 있을 때 불쾌감이나 거부감을 느끼게

● Your Brain on ChatGPT: Accumulation of Cognitive Debt when Using an AI Assistant for Essay Writing Task, arXiv, 2025, https://arxiv.org/abs/2506.08872.

된다는 내용입니다. 현재 개발된 휴머노이드 로봇들의 얼굴이 아예 없거나 단순화된 표정만 보이는 것은 '불쾌한 골짜기'도 고려한 결과일 것입니다. 사람의 얼굴이나 움직임을 알아차리는 것은 지금 인간이 지닌 가장 예민한 뇌의 기능이라고 할 수 있습니다. 앞으로 사람의 모습을 더 닮은 로봇들을 많이 만들게 된다면, 사람과 로봇을 구분하기 위해 그 기능이 더 예민하게 발달할 수도 있다고 뇌과학자들은 추측하고 있습니다.

AI가 인간에게 던지는 질문, '인간다움이란 무엇인가?'

일론 머스크의 뉴럴링크로 대표되는 BCI(Brain-Computer Interface)는 인간의 뇌에서 오는 신호를 분석해 컴퓨터가 기계를 조작하는 기술입니다. 이 기술은 사지마비 환자가 생각만으로 로봇 팔을 움직이거나 의사소통을 하게 해주는 등 장애를 극복하고 인간의 존엄성을 회복시키는 데 큰 기여를 할 수 있습니다. 하지만 이 놀라운 기술이 치료나 신체 기능 보조를 넘어 인간의 능력을 증강하거나 기억을 조작하는 영역까지 확장된다면 어떨까요? 윤리적으로 복잡하고 어려운 문제가 발생할 것입니다. 인간의 뇌와 AI를 직접 연결하는 기술이 성공해 만약 인간이 가진 기억까지 AI와 연결된다면 과연 그 기억은 온전히 '나만의 것'이라고 할 수 있을까요? 뇌와 연결된 AI가 내 기억과 정체성에

뉴럴링크의 'N1 임플란트 칩'. 뇌와 컴퓨터를 연결하는 BCI 기술이 AI와 결합되면 AI는 인간의 뇌에 직접 접촉하게 되는 셈이다. (출처: 뉴럴링크)

개입하거나, 나를 대신해 의사결정까지 한다면 나와 AI는 과연 어떻게 구분해야 할까요?

이런 문제들 속에서 AI는 인간에게 '인간다움이란 무엇인가?'라고 묻고 있는 것만 같습니다. 인간이 하는 모든 일을 AI와 기계가 할수 있게 된다면, 결국 AI에게 없고 인간에게만 있는 '인간다움'의 본질은 어디서 찾아야 할까요.

뇌과학에서는 인간다움이 개인의 서사(personal story)에서 나온다고 설명합니다. 인간은 개인적인 기억으로 자신만의 정체성을 만들어냅니다. 태어나는 순간부터 죽기 전까지 뇌 신경망의 연결성을 좌우하는 삶의 경험들을 기억으로 축적합니다. 세상 어디에도 없는 '나만의 정원'을 평생 가꾸며, 그 정원을 '나의 고유한 세계'라고 의식하는 것과 같습니다. 그 의식이 곧 인간다움입니다. 그처럼 기억은 인간다움을 만들며, 그중 일화 기억(episodic memory)은 인간 정체성의 핵심입니다. 가족과 함께하거나 어릴 적 놀이를 하며 즐거웠던 각각의 기억들은 근원적인 공포와 불안으로부터 인간을 지켜주는 기둥 역할을 합니다. 아픈 기억 또한 나를 구성하는 정체성의 일부입니다. AI가 나의 나쁜 기억을 지워 트라우마를 치료한다고 하면 언뜻 좋아 보일 수 있지만, 나쁜 기억과 함께 나의 정체성도 일부 잃게 될 것입니다. 만약 많은 SF 영화에서 묘사하듯이 가짜 기억을 주입하거나 조작할 수 있게 된다면, 또는 기억 자체를 AI에게 외주화한다면, AI는 인간다움의 핵심 영역에 결정타를 날릴 수 있습니다.

인간의 기억과 인지라는 현상은 아직 그 '코드'가 풀리지 않은 영역이라 이런 기술이 현실이 되기란 쉽지 않겠지만, 계속 기술이 발달해 언젠가 AI와 뇌의 경계가 허물어지는 때가 온다면 기술의 윤리성과 제한에 대해 더 깊은 논의가 필요할 것입니다. 이 문제는 AI의 작동 원리를 인간이 정확히 이해할 수 없다는 '블랙박스' 문제와도 연결됩니다. '설명 가능한 AI'의 발전도 예상하고는 있지만 전문가들은 AI가 초지능 수준으로 발전한다면 블랙박스 문제도 함께 커질 것이라고 보기도 합니다. AI가 도출한 의사 결정의 과정을 인간이 이해하지 못하는 상태에서 AI가 인간의 뇌에 개입한다면 어떤 일이 벌어질까요? 그 밖에도 AI가 인간의 통제를 벗어나 자기들끼리 소통하는 단계에 다다를 수도 있다는 두려움 섞인 예측도 나옵니다.

보이스 피싱 범죄자들이 AI를 가장 열심히 공부한다?

사람의 행동 패턴과 의도를 예측하는 기술은 심리학에서 오랫동안 연구되고 활용되어왔고, AI도 그 빅데이터를 활용해 사람의 행동을 예측하고 있습니다. 이 기술은 마케팅이나 범죄 예방에 유용하지만, 사람의 행동을 조종하거나 초유의 범죄 사건에 악용될 여지도 있습니다. 특히 개인정보와 함께 악용되면 차원이 다른 형태의 보이스 피싱 범죄가 가능하다고 전문가들은 경고하고 있습니다.

사람의 행동과 의도를 예측하는 것은 곧 사람의 '정신적 자유'의 침해로 이어질 수 있습니다. AI가 어떤 사람에 대해 "이제까지의 너의 행동을 종합했을 때 지금 네 말은 거짓말일 확률이 98%다"라고 예측했더라도, 2%의 확률로 그는 거짓말을 하지 않았을 수 있습니다. 그처럼 사람이 스스로 생각해 행동할 수 있는 정신적 자유를 무시하고 AI의 예측만으로 개인을 단정 짓는다면, 억울한 피해자가 생기고 사회 신뢰마저 무너질지 모릅니다. 이런 상황을 고려한다면 현재 사람의 얼굴을 함부로 검색할 수 없도록 제한하는 것처럼 AI가 인간의 내면이나 의도를 추론하고 단정하는 것을 막는 제도적 조치가 필요할 것입니다.

이런 문제들을 다룰 수 있는 AI 관련 제도와 법이 반드시 필요하지만, 인류의 역사 속에서 제도가 기술의 발전 속도를 따라잡은 적은 거의 없었습니다. 인류가 이미 멈출 수 없는 'AI 폭주 기관차'에 올라

탔는지도 모를 이런 상황에서는 기업은 물론 사회 전반이 인간의 존
엄성을 존중하는 AI를 만들 수 있는 제도와 기술을 마련하는 노력을
해야 할 것입니다. 이 과도기를 거치는 동안 진정한 인간다움이란 무
엇인지도 치열하게 고민해야 할 테고요.

　　AI는 인간의 잠재력을 증폭시킬 수도 있지만, 동시에 인간 고유
의 능력을 퇴화시키거나 위협할 수도 있습니다. 한번쯤은 AI를 어떻
게 사용해야 할지 깊이 생각하며 삶의 주체로서 중심을 잡는 시간을
만들어보는 것도 좋겠습니다. 당장의 편리함에 취해 AI에게 생각과
기억을 모두 외주 주지 않고, 나만의 '인간다움'을 고민하고 만들어가
는 노력을 시작해야 할 때입니다. 그 노력을 계속한다면 AI와 함께하
는 세계가 앞으로 아무리 크게 변화한다 해도 충분히 적응할 수 있을
것입니다.

5장 가장 뜨거운 감자, AI와 예술 그리고 저작권

창의성의 본질은 무엇일까요? AI는 예술을 대체할 존재일까요, 아니면 예술이 던지는 질문을 더 깊게 파고드는 존재일까요? AI와 문화예술이 공존하는 시대, 혼란 속에서 재편되고 있는 예술 교육의 새로운 패러다임과 지금 가장 뜨거운 이슈인 AI 저작권 문제를 살펴봅시다.

AI의 산출물, 그럴싸하다고
다 예술은 아니다

시나 소설 같은 언어 예술부터 일러스트나 디자인 등의 그래픽 예술, 음악과 영상 예술까지. 프롬프트 한 줄로 작품 하나가 뚝딱 만들어지는 시대입니다. 예술 창작을 배우지 않은 일반 대중까지도 생성형 AI

로 영상과 이미지를 만들어내는 것이 이제는 일상으로 자리잡고 있습니다. 사람들은 순식간에 수준급의 산출물을 내놓은 AI의 성능에 놀라는가 하면, 허탈감에 빠지기도 합니다. AI는 인간만이 될 수 있다고 여겼던 예술가의 자리까지도 차지하게 될까요?

이 문제를 살피기에 앞서 AI 예술가와 AI 사용자를 구분해 바라볼 필요가 있습니다. AI를 활용해 실제 예술 작품을 만드는 예술가들과 단순한 AI 사용자는 다른데, 'AI와 예술'이라는 주제를 다룰 때 두 주체를 혼동하는 경향이 있습니다. 구체적으로 AI 예술가와 AI 사용자는 어떻게 구분할 수 있을까요? AI 사용법이나 활용 난이도로 구분할까요? 혹은 예술을 한 주체가 누구냐에 따라 구분할까요? 오늘날 누구나 가지고 있는 휴대폰으로 사진을 찍었다고 해보겠습니다. 이미 우리가 거의 일상적으로 사진을 찍는 도구인 휴대폰에도 AI 기술이 들어 있습니다. 사진 찍을 때 초점이나 조도를 맞춰주는 기술이죠. 그런 AI 기술을 사용해서 사진을 찍었습니다. 그럼 어쨌든 AI를 사용했으니까 AI 예술일까요? 혹은 어떤 유명한 사진작가가 마찬가지로 휴대폰으로 사진을 찍었습니다. 그럼 실제 예술가가 AI 기술로 사진을 찍었으니 이 경우에도 AI 예술이라고 할 수 있을까요?

둘 다 그렇다고 말하기에는 좀 애매합니다. 그 기술이 사용되었다고 해서 다 예술인 것은 아니며, 예술가라는 주체가 한 것이라고 해서 다 예술인 것도 아니죠. AI로 누구나 새로운 결과물을 만들 수 있는 건 사실이지만, 그 결과물을 바로 예술이라 부를 수 있는 것은 아닙니다. AI를 활용해 무언가를 만들었다면, 사용자로서 일종의 멀티미디어 디자인을 했다고는 확실히 말할 수 있을 것입니다. 하지만 그 과정을 '예술'이라고 부를 수 있으려면 우선 예술이 무엇인지에 대해서부터 생각해봐야 할 것입니다.

예술이란 무엇일까요? 예술가마다 다르게 정의할 수 있겠지만, 기본적으로 '미학적 태도'를 담고 있어야 예술이라고 할 수 있습니다. 예술을 바라볼 때는 이 결과물에 미학적 태도가 있느냐, 혹은 없느냐를 전제해야 합니다. 다시 말해 '산출물은 언제 예술이 되는가'를 이해하는 것이 예술 작품과 단순한 산출물을 정의하고, AI 예술이 어떤 것인지 설명하는 시작이 됩니다. '이 작품을 꼭 AI를 가지고 만들어야 했나?'라는 질문도 AI 예술을 이해하는 데 도움이 됩니다. 어떤 예술에 특정한 방법이 쓰였다면 그 방법의 특징도 중요하지만 그 방법을 써야 할 이유, 목적이 분명해야 합니다. 어떤 방법이 쓰였든 예술이라면 미학적 태도를 담는다는 목적이 있어야 합니다. 미적 가치를 추구한다는 목적, 즉 사람들에게 어떤 아름다움을 보여주거나 메시지를 전달하려는 목적 말입니다. 작품을 통해서 세계와 인류에 대해 새로운 질문을 던지거나 자기만의 새로운 미학적 태도를 보여줄 수 있어야 한다는 것입니다.

프롬프트를 잘 써서 상당히 멋진 결과물을 만들어내는 사용자들은 대체로 이런 미학적 태도를 담기보다는 이 기술로 어느 정도의 결과물이 나올 수 있는지를 궁금해하는 편입니다. 이렇게 AI로 산출물을 만드는 과정은 현대 기술매체를 예술에 융합한 미디어 아트라기보다는 '기술 시연회'에 가깝습니다. 많은 사람들이 기술 시연회를 보고 예술이라고 생각합니다. 그러나 미디어 아티스트들은 진정한 의미의 미디어 아트에서는 그런 기술이 잘 보이지 않는다고 말합니다. 기술보다는 의미에 집중하게 만드는 것이 미디어 아트라는 것입니다. 기술이 작품에서 자신을 드러내지 않고 숨어 있을 때 좋은 기술이라고 할 수 있으며 비로소 예술적 가치를 보여줄 수 있습니다. 미디어 아티스트란 새로운 기술을 사용하긴 하지만 기술의 성과는 숨기고, 그걸 통해 이전에는 보지 못했던 예술적 가치를 드러내는 일을 하는 사람이라고 할 수 있습니다.

새로운 창작 도구의 등장인가, 기술의 침공인가

현재 AI 기술의 발달을 보는 예술계의 관점은 크게 보면 두 갈래로 나뉩니다. 예술을 하면서 새로운 기술에 도전하려는 예술가들은 새롭고 긍정적인 기회로 받아들이고, 반면 예술가들이 오랜 시간 쌓아온 예술적 성취를 기술이 쉽게 침범하는 것을 우려하는 예술가들은 위기로 받아들입니다.

사실 기술 그 자체를 문제시하고 거부할 필요는 없습니다. 기술은 항상 인간이 더욱 긴밀히 소통할 수 있는 방향으로 발전되어왔고, 또 인간의 감각적인 면을 확장시키는 데도 도움이 되어왔습니다. 과거와 비교했을 때 교통이나 통신이 비약적으로 발달한 덕분에 아주 멀리 있는 사람들과도 간단히 소통할 수 있고, 옛날에는 상상도 못했을 정도로 빠르게 이동할 수 있게 되었습니다. 이 모든 것도 기술 덕분입니다. 다만 그 기술을 어떻게 활용하느냐에 따라 나타나는 현상은 달라질 수 있기 때문에, 새로운 기술의 등장에는 항상 부정적인 시선과 우려도 따라오곤 합니다.

기차가 대중교통이 되었을 때 철학과 문학계의 지식인들은 달라진 현실을 두고 "기차가 시간을 살해했다"고 표현하기도 했습니다. 기차의 발명으로 공간의 제약이 줄어들고 삶의 속도가 빨라지자, 사람들은 전보다 빠른 시간 내에 어떤 경험을 느끼고 받아들일 수밖에 없었습니다. 이전보다 충분한 시간 여유를 갖지 못하게 된 것을 '시간의 살해'라고 표현했던 것이죠. 하지만 기차로 여행하게 되면서 생각지도 못한 낯선 사람과 관계를 만들거나, 좌석에서 편하게 글쓰기나 책 읽기를 하거나, 유리창으로 풍경을 감상하는 등 새로운 체험이 가능해지기도 했습니다.

망원경의 발명으로 보지 못했던 천체를 보게 되고, 현미경이 발명되자 또 그때까지 눈으로 볼 수 없던 작은 세계를 보게 된 것과 비슷합니다. 과학자들도 이런 변화에서 영감을 받았지만, 예술가들도 새로운 기술을 통해 자기 예술 세계를 넓힐 수 있었습니다. 이런 변화는 역방향으로도 이루어집니다. 가령 현미경을 접한 예술가가 새로운 기술에서 얻은 영감을 펼쳐 '어쩌면 지금 볼 수는 없지만 또 다른 세계가 있을지도 모른다'는 의미를 담은 예술 작품을 내놓는다면, 과학자들은 거기서 영감을 얻어 자신의 분야에서 새로운 세계를 찾아나설지도 모릅니다. 철학자나 역사가들도 그런 식으로 영감을 받아 연구 세계를 넓히는가 하면, 이 과정을 글로 정리하기도 할 것입니다. 그런 과정을 반복하다가 또 새로운 기술이 탄생할 것입니다. AI의 발전은 단순히 기술 도입으로만 볼 것이 아니라 문화나 문명이 어떻게 해서 만들어지는지를 염두에 두고 볼 필요가 있습니다.

제이스 앨런 그림 1

제이스 앨런 그림 2

제이스 앨런 그림 3

게임 기획자인 제이슨 앨런이 이미지 생성 AI 미드저니로 만든 디지털 아트 작품 〈스페이스 오페라 극장〉. 앨런은 작품 세 점을 콜로라도 미술 공모전에 제출했고, 가장 위에 있는 작품이 입상했다. (출처: 위키미디어 커먼즈)

제이슨 앨런이 디지털 아트 제작에 사용한 AI 미드저니의 홈페이지. 사용자들에게 다양한 스타일의 이미지를 추천하고 있다. 미드저니는 텍스트로 된 설명문 또는 설명구로부터 이미지를 생성하는 AI 프로그램이다. (출처: 미드저니)

AI 기반의 예술 창작물은 최근 국내외를 막론하고 큰 화제를 모으고 있습니다. 5-6년 전만 해도 AI는 예술가의 기교를 절대 대체할 수 없을 거라고들 했지만, 최근 AI로 만든 작품으로 미술대회 입상을 한 사례가 화제가 되었습니다. 2022년 9월 콜로라도 주립 박람회(Colorado State Fair) 미술대회에서 '디지털 아트/디지털 조작 사진' 부문 1위를 한 작품은 미국의 게임 기획자 제이슨 앨런의 〈스페이스 오페라 극장(Théâtre D'opéra Spatial)〉입니다. 이 작품은 이미지 생성형 AI인 미드저니(Midjourney)로 제작되었는데, 초기 이미지를 만들기 위해 최소 624개의 프롬프트를 입력했고 생성된 초기 이미지를 포토샵과 기가픽셀(Gigapixel) AI라는 도구로 더욱 구체화시켰다고 합니다. 수상 후 물론 AI를 활용해 작품을 만든 것에 대해 논란이 있었지만, 앨런은 미술대회 규정을 위반하지 않았고 미드저니를 활용한 작품이라고 미리 명시했다고 주장했습니다. 또한 미술대회 측도 AI가 활용된 것을 알고도 수상을 취소하지 않았습니다.

이런 사례들을 볼 때도 이 산출물의 제작 '주체'를 살펴보면 'AI가 창작을 한다'는 것이 사실인지 좀더 쉽게 파악할 수 있습니다. 'AI가 창작을 한다'는 말에는 AI를 하나의 인격체로 보는 시각이 담겨 있습니다. 하지만 이 〈스페이스 오페라 극장〉은 AI가 만든 것인가요? 아니면 사람이 만든 것인가요? 여기서 미드저니라는 AI는 〈스페이스 오페라 극장〉을 그리는 '프로그램' 중 하나였습니다. 제이슨 앨런이라는 사람이 미드저니에 자기 의도를 구현하기 위한 프롬프트를 입력하지 않았다면 이 작품의 초기 이미지는 생성되지 않았을 것입니다. 그리고 대회에서 1위에 입상한 주체도 제이슨 앨런입니다. 실제 예술을 한 주체는 사람이고, AI는 물감이나 붓 같은 '도구'로 쓰인 것입니다.

그럼에도 불구하고 그 산출물이 인간이 그린 그림보다 나을 정도로 그럴싸하게 아름답다는 점, 이 결과물이 매우 빠른 시간 내에 나온다는 점이 'AI가 창작을 한다'라는 인상을 받도록 하고, 인간만이 할 수 있는 것을 AI가 했다고 여기고 충격받게 만듭니다. 하지만 이 충격과 감탄은 사실 그 작품의 예술성보다는 대체로 품질과 속도를 좌우하는 기술에 대한 것입니다. 달리기를 아주 잘하는 사람은 10초 내에 100미터를 달립니다. 만약 3초 내에 100미터를 달리는 AI 로봇이 개발되었다면 그게 그렇게 놀라울 일은 아닐 것입니다. 그 후 1초 만에 뛰는 로봇, 0.5초 만에 뛰는 AI 로봇이 나타난다고 해도 사람들의 놀라움은 역시 기술을 향한 것이겠죠. 예술에서도 마찬가지입니다. 사람들은 AI의 생성을 보고 그 빠른 속도와 산출물의 품질에 놀랄 수 있지만, 이는 아주 사용하기 좋고 색채가 새로운 그림물감이 새로 출시되어 감탄하며 써보는 것과 같습니다. 결국 그 물감으로 어떤 그림이 그려질지, 그 그림에 미학적 태도와 예술적 가치가 있을지는 화가에게 달려 있고요.

넓어지는 예술의 지평, 무엇을 가르쳐야 할까?

새로운 기술의 등장은 산업은 물론 학문과 예술의 지평 또한 넓힙니다. 인쇄술이 등장하기 전에는 필사가 한 사람 한 사람이 책 내용을 손으로 쓰는 방법으로만 책 제작이 가능했습니다. 이때 문학을 즐기거나 지식을 탐구하는 것은 귀하디귀한 책을 구할 수 있었던 소수만이 향유하는 문화였습니다. 그러다 인쇄술의 등장으로 지식의 유통 범위와 창작의 영역 및 가능성이 비약적 성장을 맞이할 수 있었습니다. 이 성장은 뒤이어 또 다른 문화적인 혁명을 이루는 원동력이 되어, 인류 문화의 지평 자체가 넓어지는 결과를 낳았습니다.

생성형 AI로 이미지나 영상을 단순히 생성하는 수준을 뛰어넘어, 이미 AI 기술을 활용해 새로운 형태의 작품을 선보이며 예술의 지평을 넓히고 있는 예술가들이 늘어나고 있습니다. 2025년 4월 카이스트는 〈굿모닝 미스터 지드래곤〉이라는 과학 예술 프로젝트를 공개했습니다. 가수 지드래곤의 '홈 스위트 홈'이라는 음원과 홍채 이미지 데이터를 카이스트 우주 센터의 위성 안테나를 통해 전파 형태로 75억 광

년 떨어진 사자자리로 전송한 것입니다. 이때 지드래곤의 홍채 이미지, 목소리, 에밀레종 소리 등을 AI로 재구성한 영상이 안테나에 '프로젝션 매핑'이라는 방식으로 상영되었습니다.

미디어 아트와 행위예술이 결합된 이 프로젝트는 전파 메시지를 우주로 보내 외계 생명체를 찾는 미국의 SETI(Search for Extra-Terrestrial Intelligence, 외계의 지적 생명 탐사) 프로젝트에서 아이디어를 얻고, 비디오 아티스트 백남준이 1984년도에 선보인 〈굿모닝 미스터 오웰〉이라는 작품을 계승하고 있습니다. 〈굿모닝 미스터 오웰〉은 세계 여러 도시의 예술가들이 같은 시간에 퍼포먼스를 진행하면서 이를 위성으로 생중계하는 쇼였습니다. 지구적인, 나아가 우주적인 소통을 위해 노력해온 인류의 문제의식을 계승해 새로운 시대의 기술인 AI와 접목시켜 표현한 이 프로젝트는 AI 시대 예술의 가능성이 얼마나 확장될 수 있는지 실험하는 장이 되었습니다.

이처럼 새로운 도구인 AI가 빠르게 발전하면서 예술계에 많은 변화를 이끌어내고 있는데, 예술 교육 현장에는 어떤 변화가 있을까요? 예술을 가르치고 지도하는 교육자들은 '뭘 가르쳐야 할지 모르겠다'라고 고민을 털어놓습니다. 겉으로는 예술의 기교적인 면이 AI로 너무 잘 구현이 되고 있는 것처럼 보이기 때문인데요. 쉽게 말해 다섯 살 때부터 그림을 그리기 시작해 치열한 입시 경쟁까지 뚫고 화가가 되려 하는데, 내가 하는 만큼의 미술 기교를 AI도 쉽게 구현해냅니다. 예술가 입장에서는 인생이 부정당하는 느낌까지 받는 것이 사실입니다. 더욱이 앞으로는 창의성의 영역에서도 AI에게 추월당하지 않을까 하는 고민도 점점 커지고 있습니다. 반면 이를 계기로 오히려 예술에서 가장 중요한 질문이 전면에 드러날 수 있을 거라고 보는 전문가들도 있습니다. 바로 '예술의 본질은 무엇인가?'라는 질문입니다. AI의 등장을 예술에서 기술보다 의미 있는 것은 무엇일지에 대해 더 깊이 고민하고 해답을 찾는 기회로 삼을 수도 있다는 말입니다.

그림보다 훨씬 정교하게, 그리고 빠르게 대상의 모습을 담아낼 수 있는 사진이라는 기술이 등장했을 때도 비슷했습니다. 사람의 손으로 대상을 똑같이 그릴 수 있는 기술이 정말 쓸모없어진 것처럼 보였습니다. 사진의 특성 탓에 기존 회화 예술이 위기를 맞았다고 보는 사람들도 있었지만, 사진이라는 매체로 대체할 수 없는 표현의 방식에는 무엇이 있을지 탐색한 화가들은 인상주의 미술이라는 새로운 사조를 일으켰습니다. 결과적으로는 사진이라는 예술 장르가 새로 생겨났을 뿐만 아니라 기존 회화 예술의 지평도 한층 넓어지게 되었습니다.

이제까지 기술의 숙련이라는 문제는 다른 분야의 사람들과 예술가를 갈라놓는 요소이기도 했습니다. AI는 이 구분을 허물어버립니다. 작품을 만들려면 적어도 10년은 교육을 받으며 연습을 거쳐야 한다, 혹은 특정 예술을 대학에서 전공해야 한다는 인식은 이제 의미를 잃어가고 있습니다. 이제는 예술이 '이종격투기의 시대'에 접어들었다고 표현할 수도 있겠습니다. 복싱 선수는 복싱만의 규칙을 지키며 대결해야 하고, 태권도 선수는 태권도만의 규칙을 지키며 대결해야 공정하게 승부를 가릴 수 있습니다. 하지만 이종격투기에서는 선수가 복싱이나 태권도를 얼마나 잘하는지는 전혀 중요하지 않고 '그래서 누가 제일 강하냐?'가 중요하죠. 아주 본질적인 질문입니다. 회화든 조각이든 서예든 영상이든, 어떤 기법을 썼든 무엇으로 만들었든 '그래

레오나르도 다빈치의 자화상(추정). 다빈치는 회화와 조각을 하는 예술가이자 과학자였고, 발명가이자 해부학자이기도 했다. 과거에는 예술가, 과학자, 철학자가 각각 다르게 분류되지 않았지만, 시간이 흐르며 점차 역할이 분화되었다. 놀랍게도 오히려 현대로 오면서, 특히 AI 시대가 되면서 그 역할이 다시 하나로 합쳐지고 있는 것처럼 보인다. (출처: 위키미디어 커먼즈)

서 이건 좋은 예술이냐?'라는 질문만이 작품을 향하는 것이죠.

예술이 인간 문화에서 중요했던 이유는 비판적 사유와 감각의 확장을 통해 인간의 내면과 현실 세계를 조명하고, 그러면서 철학자나 역사가, 과학자들의 사고와 예술의 영감이 융합하며 문화의 진보를 이루었기 때문입니다. 인류를 더 나은 세계, 더 자유로운 세계로 이끄는 데 기여하는 것이 예술의 역할이기에, 예술은 버려지는 것이 아니라 더 중요해질 것이라고 AI와 예술계의 전문가들은 내다봅니다. AI 등장 후 더욱 혼란스럽고 모호해지는 세계를 의심하고 또 탐색하는 데에는 예술적인 감각과 비판적 사유가 큰 힘을 발휘할 것이기 때문입니다. 또한 예술 교육의 본질은 바로 이 비판적 사유 능력을 훈련시키는 것이기 때문에 AI 사용으로 인간의 사유 능력이 떨어질 것이 분명한 미래에 예술 교육의 중요성은 더 커질 것으로 보입니다.

AI 예술 시대의 가장 뜨거운 감자,
노동과 저작권

예술의 본질을 묻는 시대가 될 수 있을 거란 긍정적인 예측과는 별개로, 현실에서는 예술 작업이 AI로 대체될 수 있다는 예술가들의 위기의식이 점점 커지고 있습니다. 그와 함께 이에 대응하려는 움직임도 다양한 형태로 드러나고 있습니다. 2023년 할리우드 영화 및 드라마 작가 조합(WGA)이 대규모 파업을 벌여 '할리우드가 멈추는' 사건이 있었습니다. 작가들의 요구 조건은 임금 인상 등의 처우 개선과 AI 사용에 대한 제한과 보호 조치였습니다. 148일간 이어진 끝에 파업은 합의를 이루어 작가들의 승리로 종료되었고, AI의 침투에 맞선 인류의 첫 번째 파업으로 기록되었습니다.

영화, 드라마 작가들처럼 예술 산업 현장에서 직무가 대체될 위험에 처한 예술가들이 있는 것은 사실이지만, 사실 위기는 AI라는 기술 그 자체에서 온다기보다는 새로운 기술 때문에 불안정해진 사회적 여건에서 온다고 보아야 할 것입니다. AI 자체가 예술가의 자리를 대체한다기보다는, 'AI를 사용하는 사람들'에 의해 예술가의 자리가 대체되기 때문입니다. 예술가들이 작업에 AI를 잘 활용하도록 재교육을 받는 등 기술을 안정화시키는 시간이 필요한데 문제는 AI의 발달 속도가 너무 빠른 것입니다. 이와 관련해 산업 현장이란 결국 효율성을 추구할 수밖에 없기 때문에 할리우드 작가 파업의 경우처럼 인간의 예술 활동의 가치를 적극적으로 주장하고 AI 기술이 안정화되는 시간을 확보할 수 있는 제안을 하는 등의 노력을 예술계와 사회 전반이 함께 해야 할 것입니다.

예술 작업이 AI로 대체되는 사태와 함께 '뜨거운 감자'로 떠오른 사안은 저작권과 관련된 문제입니다. 저작권과 관련해 이슈가 되는 문제는 크게 두 가지로, AI의 학습 데이터로 쓰기 위해 저작물을 무단 사용하는 문제와 AI가 생성한 산출물의 저작권을 인정받을 수 있을지에 대한 문제입니다. 2026년 현재의 저작권법, 인공지능법 등에 기반한 일반적인 답변은 이렇습니다. 저작재산권이 있는 콘텐츠를 AI 학습에 무단으로 사용하는 것은 충분히 법적인 문제가 되어 분쟁의 소지가 있으며, 생성형 AI에게 지시해서 나온 산출물은 기본적으로 저작권을 인정받지 못한다는 것입니다.

AI를 활용한 예술 작품의 저작권 문제는 이제 막 시작되었기 때문에 앞으로 많은 사례가 쌓이면서 새로운 예술 저작권의 지형도가 그려질 것으로 보입니다. 한국저작권위원회는 한국 저작권법상 '저작물'은 '인간의 사상 또는 감정을 표현한 창작물'을 의미(저작권법 제2조 제1호)하며, 현행법의 해석상 인간이 아닌 AI가 만들어낸 산출물 자체에 대해서는 저작물성이 불인정된다고 봅니다. 다만 AI 산출물에 인간이 창작성을 부가함으로써 저작물성이 인정되는 경우 저작권 귀속에 대한 논의가 가능하고, 이 경우 일반적인 저작권 법리에 따라 인간의 창작적 기여 여부 및 기여의 정도를 고려해 최종적으로 법원이 판결하게 됩니다. 말하자면 작품을 만드는 데 AI를 사용했더라도 도구로서만 사용하고 예술가 자신의 편집이나 창작이 작품의 대부분을 이룬다면 저작권을 인정받을 수 있다는 것입니다.

2023년 한국저작권위원회가 공표한 〈생성형 AI 저작권 안내서〉는 AI를 사용하면서 타인의 권리를 침해하는 일이 없도록 참고할 가이드라인과 AI 산출물을 저작권으로 등록하는 방법을 소개했습니다. 생성형 AI를 사용할 때는 자신이 입력하는 텍스트, 이미지, 음원 등의 자료가 타인의 저작재산권을 침해하지는 않는지 주의할 필요가 있고, 산출물을 이용하려 할 때도 해당 서비스의 저작권 관련 규정을 먼저 확인하고 분쟁의 소지를 줄이는 태도가 필요하다고 권고합니다.

이 문제와 관련된 대응들이 저작권을 더 엄격하게 존중하는 추세로 이어진다면 AI를 활용한 예술이 저작물로 인정받을 수 있는 가능성은 줄어드는 것일까요? 이와 관련해 저작권의 기본 개념 자체를 통찰하는 논의도 이루어지고 있습니다. 2025년 5월 서울에서는 국제문화예술연맹(IFACCA)이 주최하는 제10회 문화예술세계총회가 열렸습니다. 세계 예술계를 주도하는 98개국 400여 명의 예술가들이 모여 AI 시대의 문화 다양성, 지식 주권, 창작의 미래를 논의하는 자리였습니다. AI와 관련된 저작권 문제도 핵심적인 논의 주제였는데, '인공지능 기본법'을 세계에서 가장 먼저 시행한 한국은 이와 관련한 논의도 활발한 편이라 다양한 제안이 있었다고 합니다. 저작권을 생각할 때 창작물을 특정 개인의 자산으로 보는 서구적 관점보다는 공동체 전체가 누리는 공동 자산이라고 보는 동아시아적 관점을 좀 더 참고할 필요가 있다는 제안, 또 저작권에서 '저작 편집권' 개념에 더 주목할 필요가 있고 이 개념을 발전시켜 나가자는 제안이 있었는데요. 예술을 인류를 위한 공유 자산으로 확장시키자는 의미를 담은 제안들이라고 할 수 있습니다. 이제 창작이란 없던 것을 새로 만들어내는 활동이라기보다 기존에 있는 것을 창의성을 발휘해 재조합하고 편집하는 작업이 될 것이기에, 저작권 보호의 문제에서 서구식 관점을 덜어내고 동아시아적 관점에서 데이터를 자유롭게 공유하되 저작 편집권이라는 개념 아래 창의적인 편집과 구성의 결과물을 보호할 방법을 계속 찾자는 논의가 오갔다고 합니다.

이런 식으로 저작권의 개념을 확장하는 한편, 사회적 약자나 초상권을 보호하는 방침 역시 중요하게 다루어져야 할 것이고, 예술의 진흥을 위해 공공의 자본을 투자할 때 AI에 기반한 예술에 어느 정도나 투자할 것인지에 대해서도 깊은 논의가 필요합니다. 예술은 결국 인간의 창의력으로 인간의 문화를 만드는 과정이기에, 공공의 자원은 인간을 지원하는 데 쓰이는 것이 옳은 방향이라 할 수 있습니다. 이를 위해서는 창작물에 AI를 어느 정도로 어떻게 사용했는지를 투명하게 공개하도록 하는 법적·사회적 장치도 필요합니다. 블록체인과 같은 기술을 활용해 그런 투명성을 높여볼 수도 있을 테고요.

AI 기술이 예술 속에서 조화롭게 안정을 찾는다면, 예술의 지평은 더욱 확장되고 모든 사람이 자기만의 예술성을 발휘할 수 있는 '더 나은 자유의 세계'를 보게 될 수도 있을 것입니다.

'딸깍 출판' 논란, AI로 만든 저작물에 공공의 예산이 쓰여도 될까?

2025년 말에 '딸깍 출판'이 세간의 화제가 되었습니다. 마우스만 '딸깍' 눌러 AI로 내용을 생성한 책들이 출판 시장에 쏟아져나온 것인데요. AI의 기능을 집필이나 편집 등 책을 만드는 과정에 적절히 활용한 것이 아니라, AI로 무분별하게 생성해낸 텍스트를 검수도 없이 그대로 인쇄한 책들이 상당수라는 것이 문제가 되었습니다. 더 큰 문제는 내용이 부실하거나 정보가 잘못된 '저질 도서'가 공공 도서관에 납본되는 것이었습니다. 납본이란 국제표준도서번호(ISBN)가 있는 책을 발행자가 국립중앙도서관 및 국회도서관에 의무적으로 제출하는 제도이며, 납본용 도서 두 권을 제출하면 한 권 값을 보상금으로 지급합니다. 납본 도서는 후세를 위한 기록 자료로 보존되며 납본된 도서 정보는 전국 도서관의 수서 담당자가 참고하는 중요한 자료가 됩니다. 최근 2-3년 사이 AI 출판사의 납본 도서가 대폭 늘어났고, 국립중앙도서관은 함량 미달의 책이 납본되는 상황에 대응하기 위해 2025년 말 AI 출판사가 신청한 납본 도서 395건에 대해 '분량 미달, 공개 자료 편집물, 내용 반복' 등을 이유로 이례적으로 납본 제외 결정을 내렸습니다. 2026년부터 시행된 인공지능 기본법에 따라 AI 결과물 표기가 의무화되었고, 이러한 시대 변화를 반영해 납본 규정도 적절히 변화할 것으로 보입니다.

AI로 간편하게 제작한 도서가 서점에 유통되는 것은 막을 수 없는 시대의 흐름일지 모릅니다. 그러나 후세에 전할 지식을 보존하는 데 쓰여야 할 공공의 예산이 부실 도서에 쓰이거나 그로 인해 더 가치 있는 도서가 머물 자리를 잃는 사태를 막기 위해서는 공공기관과 지식 산업계가 힘을 모아야 할 것입니다.

AI가
바꾸는
세상

3부

인간을 닮은 로봇, 6장
AI를 만나다

테슬라의 '옵티머스'는 조롱 속에 등장했지만, 그 안에는 인간형 AI의 미래가 담겨 있습니다. 인간의 형태를 가진 AI는 어떤 세상을 열고 있을까요? 휴머노이드 로봇은 인간의 움직임을 학습하고 스스로 판단하고 있습니다. 인간과 로봇의 공존, 피지컬 AI의 완성은 어떻게 이루어질까요?

AI에게 몸이 생기다,
인간을 닮은 로봇 휴머노이드

오늘날 거리를 지나는 사람 아무에게나 "최근에 로봇을 본 적 있으세요?"라고 묻는다면, 십중팔구는 그렇다고 답할 것 같습니다. 대부분은 방바닥을 열심히 걸레질하면서 촬영 카메라로 집에 혼자 있는 강아지를 찍어 나에게 실시간으로 전송해주는 로봇 청소기를 떠올릴 테고요. 또 카트처럼 굴러다니며 손님이 주문한 음식을 전달하는 식당의 로봇이나 기계 팔을 움직여 능숙하게 커피를 추출하는 카페의 로봇을 떠올리는 사람도 있을 겁니다. 이처럼 로봇은 우리의 일상생활 속에서 여러 가지 일을 대신하며 점점 익숙한 존재로 자리를 잡아가고 있습니다. 비록 로봇 청소기가 닦지 못하는 가구 위 먼지를 턴다든지 서빙 로봇이 가져다준 음식 쟁반을 직접 테이블로 옮기는 등 아직 로봇이 완전히 하지 못하는 일은 사람이 대신해야 하지만요.

그런데 사람이 하던 일을 그대로 완벽하게 할 수 있는 로봇이 나타난다면 어떨까요? 가구 위 먼지를 터는 것은 물론 욕실에서 강아지 목욕도 시키고, 내가 돌아왔을 때 직접 만든 따뜻한 음식을 식탁에 차리면서 "많이 피곤하시겠네요. 오늘도 수고하셨어요." 하고 격려까지 해주는 그야말로 '사람 같은' 로봇이라면요. 바로 AI 휴머노이드(humanoid)입니다. 로봇 청소기나 서빙 로봇처럼 작달막하고 바퀴로 굴러다니거나, 기계 팔만 움직이거나, 개처럼 네 발로 움직이는 등 로봇의 형태는 매우 다양합니다. 그 중에서도 머리와 몸통, 두 다리, 두 팔 등 인간과 유사한 구조를 갖추고 움직임 또한 사람을 닮은 로봇을 가리켜 휴머노이드라고 합니다. 휴머노이드라는 명칭은 '사람[human]'과 '~같은 것[~oid]'이 합쳐진 단어입니다. 사람처럼 움직일 수 있으니, 사람처럼 말하고 생각까지 한다면 더더욱 사람 같겠지요. 하루가 다르게 진화하는 AI 기술 덕분에 사람들의 눈길은 자연히 휴머노이드라는 분야로 쏠리고 있습니다. 사람처럼 말하고 생각하는 AI가 휴머노이드라는 몸을 갖게 된다면 이제까지와는 차원이 다른 세상이 열릴

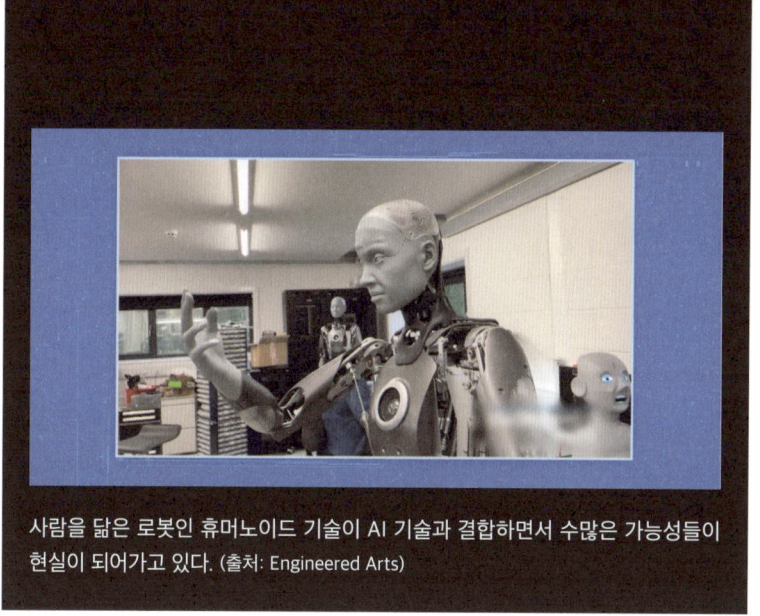

사람을 닮은 로봇인 휴머노이드 기술이 AI 기술과 결합하면서 수많은 가능성들이 현실이 되어가고 있다. (출처: Engineered Arts)

것이라는 기대가 커지는 한편, 앞으로 일어날 변화에 대한 불안과 위기감도 커지고 있습니다.

2021년 8월, 전기차를 만드는 기업 테슬라가 "앞으로 휴머노이드를 만들겠다"라고 발표했을 때 우스꽝스럽게 춤을 추는 휴머노이드 로봇이 함께 무대에 등장했는데요. 하지만 이 휴머노이드는 사람이 분장을 한 것이었습니다. 장난이라도 치듯이 내놓은 "지금은 사람이 움직였지만, 앞으로는 휴머노이드가 이렇게 움직일 것이다"라는 예고에 당시 대중들의 반응은 냉담했습니다. 하지만 그 이후 2025년 테슬라가 발표한 휴머노이드 로봇 '옵티머스'의 정교한 움직임은 많은 이들을 놀라게 했습니다. 로봇에 탑재하는 배터리 제어 기술이 크게 발전했다는 사실이 옵티머스가 안정적으로 춤을 추는 모습에서 드러난 것입니다. 테슬라뿐만 아니라 많은 수의 글로벌 빅테크기업에서는 휴머노이드 개발에 박차를 가하고 있어, 대체로 시제품은 완성한 상태이며 그중 절반 정도는 상용화까지 된 수준이라고 합니다. 휴머노이드 패권을 쥐기 위해 미국과 중국이 가장 선두에 서서 기술 경쟁을 하고 있는 상황입니다.

왜 꼭 사람을
닮아야 할까?

오늘날 거의 모든 국가에서 개발하려고 애쓰는 로봇이 '휴머노이드', 즉 '인간형' 로봇이라는 점에 대해 한번 생각해볼 필요가 있습니다. 왜 꼭 인간 형태의 로봇이어야 할까요? 팔이 4개 달렸거나 지네처럼 많은 다리로 움직이는 로봇이라면 움직임의 제약이 사라지고 더 많은 일을 수행할 수 있을 테니 훨씬 쓸모가 많을 것 같은데 말입니다. 인간과 비슷한 외형의 로봇을 만들려고 하는 데에는 우선 인간과 너무 다른 모습으로 만들면 실제로 사용을 할 사람에게 거부감을 줄 수 있다는 이유가 있습니다. 또한 그 밖에도 몇 가지 이유가 더 있습니다.

우선 가장 큰 이유는 휴머노이드의 활동 무대가 '인간 세상'이라는 점입니다. 사람이 활동하는 건물이나 사용하는 물건들은 당연히 인간의 체형에 맞추어 설계되고 만들어집니다. 이런 환경에서 무리 없이 활동할 수 있으려면 사람과 비슷한 외형을 갖추는 편이 유리합니다. 만약 휴머노이드의 키가 4m이고 몸무게가 300kg이 넘는다면 어떨까요. 이 휴머노이드는 우선 실내에 들어가거나 사람들이 쓰는 엘리베이터를 이용할 수 없을 것입니다.

일본 혼다에서 만든 휴머노이드 P3와 ASIMO. 로봇은 다양한 모양으로 만들 수 있지만, 사람이 사는 환경에서 사람이 쓰는 물건으로 작업하게 하기 위해 형태에 한계를 두게 된다. ⓒmachu (출처: 위키피디아)

　사람과 같은 두 손과 두 다리가 있다면 사람이 쓰던 대부분의 물건들을 같은 방식으로 사용할 수 있습니다. 한 손으로 종이를 들고 한 손으로 가위질을 하는 동작을 똑같이 할 수 있는 것입니다. 그렇게 되면 휴머노이드가 사람이 쓰던 물건이나 설비를 사용하는 데도 용이합니다. 이는 어떤 작업에 필요한 기계 설비를 따로 만들지 않아도 된다는 뜻입니다. 이전에는 기계에게 설거지를 맡기기 위해 식기세척기라는 특정한 기계 하나를 개발해야 했지만, 사람과 똑같이 움직이는 휴머노이드가 있다면 곧바로 사람이 쓰던 싱크대 앞에 서서 두 손으로 설거지를 할 수 있습니다.

　이 장점은 사람과 유사한 모습의 휴머노이드를 만들려는 다른 이유와도 연결됩니다. 바로 사람과 흡사한 외형이어야 인간의 행동을 효율적으로 학습할 수 있다는 점입니다. AI는 인간의 동작을 따라 하는 식으로 행동을 학습하는데, 인간과 외형이 다를 경우 학습에서나 작동에서나 여러 가지 문제가 생깁니다. 사람의 손가락은 보통 한 손에 다섯 개인데, 만약 손가락이 세 개인 로봇이 다섯 손가락으로 하는 동작을 따라 하려다 보면 더 많은 계산과 그만큼 많은 시행착오가 필요할 것입니다. 요리 같은 정밀한 동작이 필요한 활동일수록 행동의 오류가 발생하기 쉽겠지요.

아무런 학습도 하지 않은 휴머노이드는 이제 막 태어난 아기나 다름없습니다. 학습이 되지 않았으니 할 수 있는 것도 없어서 '깡통'이라고 불리지만, 그 깡통이 일단 학습을 마친 후에는 대단한 장점 하나가 생기는데요. 바로 학습한 행동과 지식을 다른 휴머노이드에게 똑같이 복사해줄 수 있다는 점입니다. 바리스타의 행동을 학습한 휴머노이드의 데이터를 이제 막 공장에서 나온 깡통 휴머노이드에게 복사만 하면, 새로운 깡통도 데이터를 받은 즉시 바리스타가 됩니다. 이 기능의 효과는 동기화를 하면 더 커집니다. 가령 공장에서 스무 대 정도의 휴머노이드에게 하루 동안 각기 다른 활동을 학습하게 하면, 저녁에는 스무 대 각각이 경험한 서로 다른 학습 데이터를 모두가 공유할 수 있습니다. 하루만 훈련시켜도 한 대가 20일 동안 훈련할 내용을 스무 대의 휴머노이드 모두가 습득할 수 있는 것이죠.

이렇게 학습 내용을 복사할 수 있는 데다 사람이 쓰는 설비를 그대로 사용할 수 있는 휴머노이드는 이제 공장처럼 표준화된 작업을 하는 현장에서 큰 활약을 할 것으로 보입니다. 실제로 '피규어'라는 스타트업이 만든 휴머노이드로 BMW 스파르탄버그 공장에서 자동차 조립과 관련된 작업 테스트를 진행했는데, 결과가 성공적이라 2024년 8월부터 작업에 휴머노이드를 투입했다고 합니다. BMW는 앞으로 휴머노이드를 위험하거나 피로도가 높은 업무에 더 많이 투입할 예정이라고 합니다.

인간이
휴머노이드의 이름을 불렀을 때

AI와 결합한 휴머노이드가 계속 발달한다면 사람들이 힘들고 위험해서 기피했던 일자리에 상당수 투입될 것이라고 어렵지 않게 예상할 수 있습니다. 아마존과 같은 쇼핑몰의 대형 물류센터에서는 이미 로봇으로 물류 작업을 대체하기 시작했습니다. 큰 공장이나 물류센터 같은 현장은 작업이 표준화되어 있고 원래 많은 인력이 있었기에 실험하기에도 좋고 데이터를 쌓기에도 좋아 휴머노이드가 우선적으로 투입되고 있습니다. 또 여기서 성공할 경우 더 큰 이익을 얻을 수 있기에 먼저 시도들을 해보고 있는 것이죠. AI와 로보틱스 기술이 발달할수록 좀더 작은 작업 현장, 즉 작은 공장이나 병원, 혹은 호텔이나 쇼핑몰 같은 상업 공간으로 휴머노이드는 차츰 가까이 다가올 것으로 보입니다. 그리고 그 다음에는 인류가 오래 상상해왔듯이 휴머노이드

Humanoid Robots for BMW Group Plant Spartanburg, BMW Group, 2024. 9. 11., https://www. bmwgroup.com/en/news/general/2024/humanoid-robots.html.

가 가정집에 들어와 함께 지내는 시대가 올 것입니다.

집에서 함께 사는 가사 도우미 휴머노이드는 아직은 실험 중인 단계이지만 꾸준히 발전하고 있습니다. 노르웨이 휴머노이드 업체인 '1X 테크놀로지스'는 2025년 가사용 휴머노이드 '네오 감마'를 발표했습니다. 현재 일반 대중에게 실험하거나 판매하는 것은 아니며 동의한 직원들의 가정에서 실험을 하며 학습 데이터를 모으는 단계라고 하는데, 공개된 작동 영상에서 네오 감마는 식탁으로 그릇을 나르거나 진공 청소기를 들고 청소를 하는 등 사람이 쓰는 도구를 가지고 부드러운 움직임으로 집안일을 수행합니다. LLM을 사용하는 AI가 탑재되어 자연스러운 대화와 몸짓으로 사람과 상호작용을 한다고 합니다. 자동차를 구입하듯이 대부분의 가정에서 가사를 돌보는 휴머노이드 한 대를 장만하는 세상이 그리 머지 않았는지도 모르겠습니다.

실제로 우리 집에까지 휴머노이드가 도입된다면 어떤 불편이 있을까요? 네오 감마 홍보 영상 마지막에 재미있는 장면 하나가 나오는데, 사람들이 식탁에서 대화를 나누며 식사를 하자 할 일을 다 마친 네오 감마가 소파로 다가가 자리에 앉습니다. 마치 일을 다 했으니 이제 좀 쉬겠다는 것처럼요. 사실 휴머노이드가 앉아서 쉴 필요는 없지만 사람처럼 행동하고 있는 것입니다. 그저 학습한 행동일 뿐이기는 하지만, 앞으로 실제로 그런 일이 생기면 우리는 어떻게 대처할까요? 귀찮은 청소나 설거지를 휴머노이드가 대신해주는 것은 물론 좋지만, 우리 가족이 편안하게 시간을 보내는 소파에 휴머노이드도 앉는 것을 받아들일 수 있을까요? 받아들일 수 없다면 구석에 가만히 서 있거나 벽장에 들어가 있으라고 해야 할까요? 그저 휴머노이드에게 일만 시

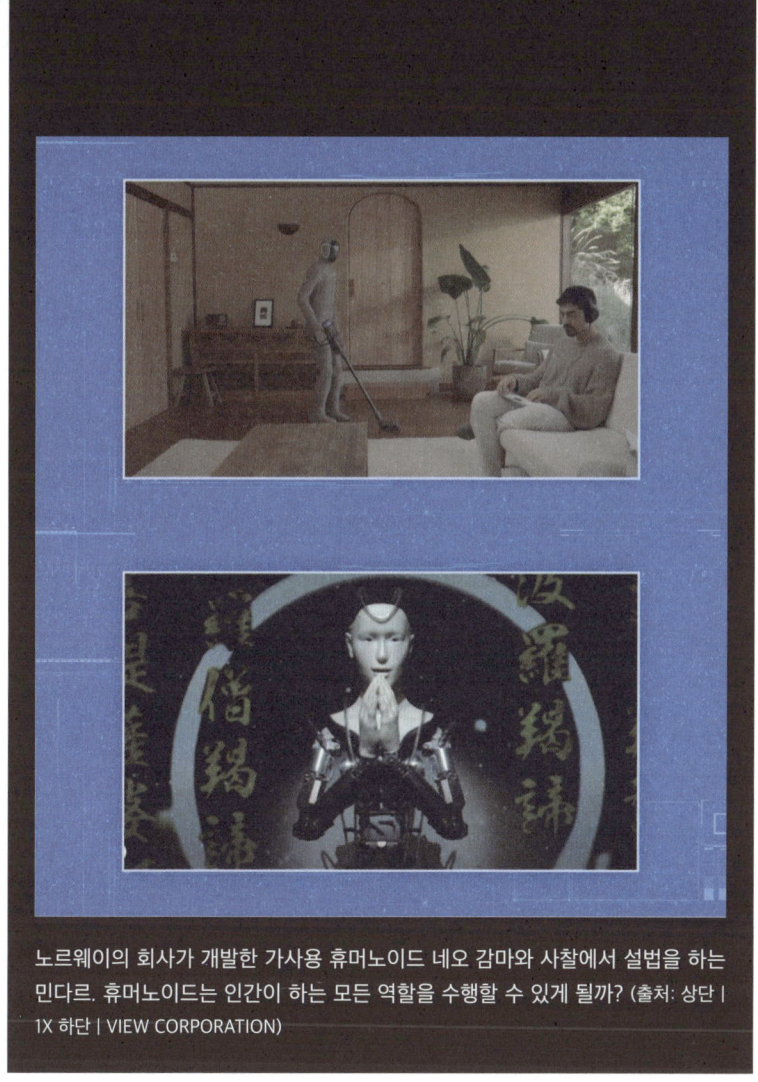

노르웨이의 회사가 개발한 가사용 휴머노이드 네오 감마와 사찰에서 설법을 하는 민다르. 휴머노이드는 인간이 하는 모든 역할을 수행할 수 있게 될까? (출처: 상단 | 1X 하단 | VIEW CORPORATION)

키는 것이 아니라 삶 속에서 '공존'하는 단계까지 간다면 그런 정서적인 불편함도 분명 생겨날 것입니다.

챗봇의 등장 이후 사람 같은 기계를 어떤 '존재'로 바라볼 것이냐에 대한 고민과 논쟁이 풍부하게 오가고 있지만, 생각하고 말하는 것은 물론 행동하며 나와 함께 사는 기계인 휴머노이드까지 가세하면 이 고민이 더 복잡하고 어려워질 것입니다. 몸이라는 실체가 있는 휴머노이드가 인간을 닮은 자율적인 행동을 하면 사람들은 피부에 와닿게 그 '존재감'을 느낄 것이기 때문입니다. 그 존재감에 감정적으로 공감해 휴머노이드에게 인간에게서 느끼는 것과 같은 유대를 느끼게 되는 사람도 많아질 것입니다. 이미 감정적인 소통을 나누는 강아지 로봇이나 AI 스피커 챗봇에게 고유한 이름을 지어주고 부르며 가족같이 대하는 사람들은 많습니다. 가사 도우미나 비서 휴머노이드에게 이름을 붙여주고 가족이나 친구처럼 대하는 것도 충분히 가능한 일입니다.

'이름을 가진 존재'가 된 휴머노이드는 거기서 더 나아가 특별한 작업을 수행할 수도 있습니다. 이를테면 사람만의 영역이라고 여겨지는 종교 분야에 종사하는 휴머노이드가 나타날 수 있습니다. 2019년 일본 교토시의 고다이지라는 사찰에서 '민다르'라고 하는 AI 휴머노이드가 반야심경을 낭송하고 설법을 했습니다. 2024년에는 스위스 루체른의 한 성당이 고해소에 'AI 예수'를 설치해 신도들에게 종교적인 상담을 해주는 실험을 진행했는데, 사용자가 말하는 언어를 인식한 뒤 그 언어로 응답해주었고 실험해본 신도들은 '실제로 신을 만나는 것 같았다'며 매우 진지하게 반응했다고 합니다. 발전하기에 따라서는 인간만의 것이라고 생각했던 신과 믿음의 영역에서도 AI 휴머노이드가 활약하게 될지도 모르겠습니다.

다가올 미래,
휴머노이드와 인간

AI는 감정이나 자의식이 '아직은' 없습니다. AI는 명령을 수행할 뿐 스스로의 욕구나 욕망을 가지고 있지는 않기 때문에 그 욕구나 욕망으로부터 나오는 감정도 없다고 할 수 있습니다. 챗봇이 말 속에 어떤 감정을 표현한다고 해도 그것은 감정을 흉내 내는 것일 뿐입니다. 심리학과 신경윤리학에서 감정이나 의식은 신체의 체험을 바탕으로 나오는 것이라고 봅니다.* 몸이 없는 AI는 감정의 '표현'을 할 뿐 감정의 '체험'은 하지 못하는 셈입니다. 이 점을 고려해 AI에게 감각할 수 있는 신체가 생긴다면 감정과 자의식도 생길 가능성이 있다고 연구자들은 내다보고 있습니다. 휴머노이드가 움직이는 자신의 몸을 인식하고, 어떤 행동으로 몸에 손상을 입은 후 고치는 경험을 한다면 그 후부터 자기 몸이 상하지 않게 행동할 수도 있을 겁니다. 그런 과정에서 나라는 존재를 인식하고 자기를 지키려고 하는 자의식이 시작되는 것입니다.

만약 자의식과 감정까지 가진 진짜 인간 같은 휴머노이드가 기술적으로 가능해진다면 우리는 어떤 휴머노이드까지 '만들어도 된다'고 허용해야 할까요? 그리고 인간과 휴머노이드의 경계를 과연 확정할 수 있을까요? 완전히 인간적인 감정을 보이고 소통도 가능하지만 하늘을 나는 문어 같은 모습을 하고 있다면 그 로봇을 휴머노이드라

● [박형빈 교수 AI와 윤리③-감정] AI는 우리 마음을 읽는가, 계산하는가?, 지디넷코리아, 2025. 12. 13., https://zdnet.co.kr/view/?no=20251213143601.

고 할 수 있을까요? 혹은 일론 머스크의 '뉴럴링크'가 꿈꾸듯이, 사람의 뇌에 있는 생각을 휴머노이드에게 이식해서 그 사람이 죽은 후에도 이 휴머노이드가 계속 그 사람으로 살아가게 하는 일은 허용해도 되는 것일까요? 이 문제 또한 매우 복잡한 윤리적 고민을 던져줍니다.

죽은 생물로 만든 '좀비 로봇', 네크로보틱스 기술

보통 '로봇'이라고 하면 금속과 플라스틱으로 만들어진 기계를 곧장 떠올리게 됩니다. 그런데 생물의 몸으로 로봇을 만들 수도 있을까요? 2022년 미국 라이스대학교 기계공학부의 다니엘 프레스턴 교수 연구팀은 죽은 거미의 다리를 움직여 실험용 집게 '그리퍼'로 활용한 연구 결과를 발표했습니다. 이 연구팀은 플라스틱이나 금속 같은 딱딱한 재료 외의 다양한 재료를 사용하는 '소프트 로봇' 연구를 해왔는데, 거미는 다른 동물들과 달리 혈액의 압력으로 다리를 움직인다는 사실에서 착안해 죽은 거미의 관절에 주사기로 공기를 주입해 움직이는 실험을 진행했습니다. 거미는 자기 체중의 130% 이상의 무게를 들어올릴 수 있는데, 연구팀은 죽은 늑대거미로 물건을 집고 회로 기판을 조작하는 등의 움직임을 수행할 수 있었습니다. 이러한 기술을 '죽음[necro]'과 '로봇 공학[robotics]'을 합친 단어 네크로보틱스(necrobotics)라고 합니다. 네크로보틱스는 생물의 신체를 로봇 공학에 접목시킬 수 있다는 가능성을 제시했지만, 일반적인 물질이 아닌 살아 있던 생물의 신체를 기술에 활용하는 만큼, 발전할수록 생명 윤리

인간과 구분이 되지 않는 휴머노이드가 인간의 자리를 대체하게 될 수도 있다는 것이 AI와 휴머노이드의 미래와 관련해 사람들이 가장 크게 우려하는 부분일 것입니다. 휴머노이드가 사람의 일자리를 차지하는 것은 물론, 사람 대신 사람과 소통하는 존재가 되는 것에 대한 우려이기도 합니다. 뛰어난 기능을 가진 휴머노이드가 위험한 일을 사람 대신 하며 더 효율적인 서비스를 할 수 있게 하는 동시에 사람들을 더 가치 있는 일자리로 안내하는 변화로 이어질 수 있으려면 사회적, 정치적, 경제적인 차원에서 많은 고민과 노력이 필요합니다. 기업들이 인간 직원을 AI로 대체하는 방향에 더 주목하고 있어 비판받는 경우가 많지만 미국의 통신사인 버라이즌은 2024년부터 인간 상담사를 도와주는 형태의 AI를 도입해 주목을 받았습니다. AI가 고객을 응대하는 상담사에게 빠르게 정보 검색을 해주거나 도움되는 피드백을 해주는 식으로 협력을 하는데, 서비스 파트의 매출이 40% 가까이 오를 정도로 긍정적인 성과를 얻었다고 합니다. '대체'가 아닌 '협업'을 중심에 두었을 때 AI 그리고 휴머노이드와 함께할 미래가 더 밝아진다는 사실을 사회 전체가 분명히 인지해야겠습니다.

휴머노이드가 우리 생활에 자연스럽게 함께하는 풍경을 상상한다고 했을 때 2026년 현재는 아직 시작 단계입니다. 현재 중국이 출시한 휴머노이드는 약 2000만 원 정도, 미국이 출시한 휴머노이드의 경우 약 1억 5000만 원에서 2억 원 정도인데 높은 가격에 비해 일반적인 환경에서 개인이 사용하기에는 성능이 조금 애매한 상태입니다. 지금으로서는 충분히 오랜 시간 동안 작동할 수 있도록 동력을 공급할 배터리 기술에 한계가 있고, 움직임을 제어하는 액추에이터(Actuator: 전기, 유압, 공압 등의 에너지를 받아 회전 또는 직선 운동 같은 물리적인 움직임으로 변환해주는 장치) 개발의 어려움 때문에 사람보다 훨씬 적고 단순화된 관절로만 작동해, 복잡한 동작을 수행할 만큼 움직임이 충분히 유연하지 못하다는 한계도 있습니다. 만약 그런 점을 감수하고 구매한다고 해도 앞에서 설명했듯 '깡통' 상태이기 때문에 많은 것을 학습시켜야 하는 것은 물론입니다.

그 밖에도 전문가들이 AI 휴머노이드의 상용화와 관련해 우려하는 점은 바로 정보 유출의 위험입니다. 나와 함께 생활하는 내 휴머노이드 비서나 가사 도우미는 나의 개인정보를 상세히 알뿐 아니라 평소 집에서의 사적인 모습도 모두 볼 수 있습니다. 필요할 경우 그런 모습들을 기록하기도 할 테지요. 필연적으로 그런 민감한 정보들을 접촉하고 또 가지고 있게 되는 AI 휴머노이드를 누군가가 해킹한다면 어떻게 될까요? 혹은 휴머노이드의 개발사에서 암암리에 그 정보들을 수집한다면요? 정보가 유출되는 수준을 넘어, 휴머노이드를 마음대로 조작해 더 큰 범죄가 일어날 가능성도 있습니다. 이미 홈캠이나 로봇청소기에 탑재된 카메라를 해킹해 사적인 영상을 유출하는 사건이 빈번히 일어나고 있는 만큼, 휴머노이드의 발달에서도 보안은 가장 핵심적인 문제가 될 것 같습니다.

몸이라는 실체를 가진 '피지컬 AI', 휴머노이드의 출현은 AI와 관련된 여러 변화 중 가장 사람들의 피부에 와닿는 지점일 것입니다. 휴머노이드의 역할이 효율적으로 일하는 기계로 그칠지, 진정으로 인간과 동반하는 하나의 사회적 존재가 될 것인지는 좀더 두고 봐야 알겠지만, 어쨌든 휴머노이드는 지금 존재하는 것만으로도 사람들로 하여금 미래 사회와 인간의 삶을 더 다양하게 상상하고 예측해보는 기회를 마련하고 있습니다.

focus

지금 우리 곁에 다가온 휴머노이드 로봇

AI의 발달과 함께 AI 휴머노이드 로봇도 하루가 다르게 발전하고 있습니다. 오늘날의 휴머노이드 로봇들이 어떤 식으로 학습하고 일하고 있는지 좀더 구체적으로 들여다보도록 하겠습니다.

AI 휴머노이드는 실제로 어떻게 사람이 하는 일을 배울 수 있을까요? 로봇이 인간의 일을 배우는 핵심 원리는 앞에서 살펴보았던 AI의 학습 방식 중 '모방 학습'에 있습니다. 사람이 하는 행동을 데이터화하여 로봇에게 전달하고, 로봇이 이를 그대로 따라 하게 만드는 방식입니다. 그러면 로봇은 현장에서 일을 수행하며 자신이 실제로 해본 경험을 기록합니다. 이 기록 또한 데이터로 축적되고, 이 데이터를 모아 AI에게 주고 다시 학습시킵니다.

과거에는 엔지니어가 상황별로 로봇의 움직임을 일일이 코딩하는 방식을 썼으나, 그리 효율적이지는 않았습니다. 그래서 사람의 움직임에 대한 데이터를 AI에게 넣어주고 학습을 시킨 후, 학습을 마친 AI를 로봇에게 장착하자 로봇은 주어진 일만 하는 것이 아니라 자기가 쌓은 데이터를 가지고 추론과 응용을 하면서 움직일 수 있게 되었습니다. 기존의 제조 로봇들도 일을 했지만 '여기 어떤 규격의 물체를 어느 쪽으로 옮긴다', '이 위치에 있는 볼트를 조인다' 같이 정해진 움직임만 수행이 가능했고 대상의 위치가 조금 달라지거나 하면 정해진 대로 작업을 수행하지 못했습니다. 이렇게 코딩된 대로만 움직일 수 있어 정형화된 작업을 반복하는 것만 가능했던 산업용 로봇과 달리, 이 '피지컬 AI'가 탑재된 로봇은 상황에 맞춰 유연하게 움직일 수 있습니다.

휴머노이드 로봇은 피지컬 AI가 탑재된 것만으로 이렇게 급격한 발전을 이룰 수 있었던 걸까요? 사실 이런 발전이 가능했던 비밀은 학습 데이터에 있습니다. 시뮬레이터(가상 세계)를 활용해 방대한 데이터를 확보한 것이 발전의 바탕이 되었던 것입니다. 현실 세계에서 인간이 만들어낼 수 있는 데이터의 양에는 한계가 있지만, 컴퓨터 속 가상 세계에서는 물리법칙(마찰, 중력, 관성 등)이 적용된 환경을 동일하게 구현할 수 있습니다. 또한 그 속에서 가상의 로봇을 움직이게 해 움직임에 대한 데이터를 얻을 수 있습니다.

시뮬레이터를 통한 데이터 수집에서는 '데이터 증폭'과 '데이터 합성'이 가능하다는 점에 주목할 필요가 있습니다. 시뮬레이터 안에서는 수천, 수만 대의 로봇을 동시에 구동할 수 있으며, 상황을 조금씩 바꾸어가며 방대한 데이터를 생성할 수 있다는 것입니다. 이렇게 만들어진 고품질의 합성 데이터는 휴머노이드 로봇의 성능을 결정짓는 밑거름이 되며, 이것이 휴머노이드 기술이 빠르게 발전할 수 있었던 원동력입니다.

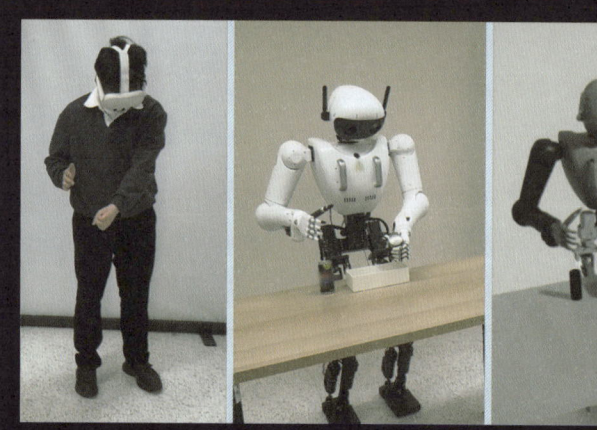

한국의 휴머노이드 개발사 에이로봇의 '앨리스'가 행동을 학습하는 모습. 사람의 행동을 로봇이 따라 학습하고, 시뮬레이터 속에서도 실시간으로 학습이 이루어지며 데이터가 축적된다. (출처 :에이로봇)

로봇이 사람의 행동을 똑같이 따라 하게 만들려는 이유는 무엇일까요? 지금 로봇이 인간의 일자리를 빼앗을 것이라고 걱정하는 사람이 많지만, 실제 산업 현장에서 노동을 할 인력은 점점 부족해지고 있습니다. 한국처럼 인구 절벽을 코앞에 둔 사회일수록 노동력은 더 부족해질 것입니다. 그래서 최대한 인간의 행동을 똑같이 따라 할 수 있는 로봇을 만들어 '범용 기계(General Purpose Machine)'로서 기능할 수 있도록 피지컬 AI를 도입하고 있는 것입니다.

개인용 컴퓨터나 스마트폰 같은 기계를 범용 기계라고 합니다. 범용 기계는 특정 목적 한 가지만 수행하는 것이 아니라 사용자의 의도에 따라 여러 가지 용도로 쓸 수 있습니다. 컴퓨터나 스마트폰은 사용자가 어떤 프로그램을 설치하느냐에 따라 무한히 다른 용도로 쓰일 수 있죠. 컴퓨터는 처음에는 과학 연구를 하거나 군사적으로 활용하려는 목적으로 만들어졌지만 점차 무궁무진한 용도로 쓰이게 되었습니다. 스마트폰이 등장하자 사람들은 전화기로 전화와 메시지 전송만 할 수 있는 것이 아니라 음악도 듣고 사진도 찍고 SNS로 소통까지 합니다.

역사적으로 산업혁명은 항상 범용 기계의 등장과 함께 시작되었고, 범용 기계가 나타날 때 인류의 삶은 혁명적으로 변화했습니다. 휴머노이드 로봇 또한 범용성을 갖춘 기계입니다. 로봇 하나가 사람처럼 이 일도 하고 저 일도 할 수 있게 되면 사람이 하던 노동 현장 어디든 투입할 수 있고, 또 사람들은 이를 활용해 이전에는 상상하지 못했던 창의적인 아이디어를 떠올릴 수 있을 것입니다. 이것은 또 다시 새로운 산업혁명으로 이어질 수도 있겠지요.

휴머노이드가 범용 로봇이 될 수 있으려면 그만큼 자유로운 움직임을 구현할 수 있는 기술이 필요합니다. 로봇 제작에는 고도의 기술적 역량이 집중된 부품들이 필요한데, 그중 핵심이 되는 부품은 세 가지입니다. 바로 액추에이터, 배터리, 센서입니다.

액추에이터는 로봇의 관절 역할을 하며 움직임을 만들어내는 동력 모듈입니다. 전기 모터, 감속기, 제어기, 센서가 결합된 형태이며 로봇을 만드는 비용과 로봇 무게의 약 절반을 차지할 정도로 핵심적인 부품입니다.

또 하나의 핵심적 부품은 배터리입니다. 휴머노이드 로봇의 최대 장점은 자유롭게 이동하며 작업을 할 수 있다는 것인데, 전원 케이블을 콘센트에 꽂아둔 채로는 마음대로 움직일 수가 없겠죠. 배터리는 로봇이 전원선 없이 자유롭게 이동하며 일하기 위해 필수적인 부품입니다. 또 로봇은 전력을 많이 소모하므로 고성능 배터리가 필요한데, 한국은 전기차 분야에서 축적된 배터리 기술력이 뛰어나 로봇 산업에서도 큰 강점을 가집니다.

다음으로 주목할 부품은 센서입니다. 로봇이 세상을 느끼고 인지하는 감각 기관이죠. 좋은 감각을 가진 사람이 일을 잘하듯이, 센서 하나 바꿨을 뿐인데 행동이 좋아지는 경우가 있을 정도로 어떤 센서를 어떻게 활용하느냐가 로봇의 성능을 좌우합니다. 로봇업계에는 "로봇은 센서 놀음"이라는 말이 있을 정도라고 합니다.

이처럼 굉장히 다양한 부품들의 조립체인 로봇이 잘 생산되고 또 사용될 수 있으려면 피지컬 AI 모델을 잘 개발해야 하는 것은 물론 좋은 부품이 전방위적으로 공급되는 부품 공급망, 즉 로봇 산업의 생태계가 갖춰져 있어야 할 것입니다. 한국은 로봇 산업 생태계를 어떻게 구축해나가고 있을까요? 전문가들은 한국의 휴머노이드 기술력이 현재 미국과 중국에 이어 '안정적인 3위권'에 속해 있다고 봅니다. 비록 선두 국가들과 격차는 있지만, 한국은 뛰어난 제조업 기반, IT 기술, 통신망, AI 역량 등 로봇 산업에 최적화된 인프라를 갖추고 있습니다. 다만 부족한 자본과 인력을 극복하고 지속적으로 발전할 수 있으려면 로봇 기술이 더 완벽해지기를 기다리기보다 현재 수준에서도 가능한 제조 현장의 단순 업무에 투입하는 등의 시도로 부가가치를 증명하고, 대중과 친근해지는 기회를 늘려가는 노력이 필요할 것입니다.

"어느 정도의 가격이라면 가사도우미 휴머노이드 로봇을 구입하시겠어요?"

이 물음에 대해 대중들은 대체로 자동차 한 대 정도의 가격을 떠올린다고 합니다. 성능이나 용도에 따라 고급차 가격이기도 하고 경차 가격이기도 하지만, 휴머노이드 로봇의 가격은 향후 자동차 가격대 수준으로 형성될 것으로 예측됩니다. 로봇 기술이 계속 발전한다는 점을 감안할 때, 로봇을 제조하는 원가는 계속 떨어지고 사용 비용도 계속 절감될 것입니다. 그러면 언젠가는 인건비 대비 로봇의 사용료는 비교가 안 되게 벌어질 것이라는 예상도 해볼 수 있습니다. 그때에 사람들이 로봇 때문에 일자리를 잃는 것이 아니라 새로운 경제 체계에서 새로운 형태의 부가가치를 만들어낼 수 있으려면 미리부터 휴머노이드와 함께하는 사회와 경제를 상상하고 또 실제로 만들어나가야 할 것입니다.

7장 협력하는 AI, 전장의 드론에서 미래의 동료로

전술 상황에서 수천 대의 드론이 서로 소통하고 임무를 수행하는 것처럼 협력형 AI는 파괴뿐 아니라 생명 구호, 재난 구조에도 꼭 필요한 기술입니다. '협력하는 AI'란 무엇이고 어느 정도까지 구현되어 있을까요? AI들이 서로 협력해서 공동의 선을 취하는 날이 올까요? 소통하고 협력하는 AI에 대해 자세히 알아봅시다.

앞으로 AI에게 가장 필요한 것, 협력 지능

한밤중에 휴대폰에서 울리는 재난 알림에 깜짝 놀라곤 하는 경우가 몇 년 사이 부쩍 늘어난 것 같습니다. 지진이나 산불은 물론 태풍, 폭설, 급작스러운 한파 같은 자연 재난도 잦아졌지만, 전 세계적으로 내

러시아-우크라이나 전쟁에서 양측 모두 드론을 전략적 무기로 활용했다. 자연히 재난이나 분쟁 상황에서 드론을 활용하기 위한 AI의 중요성이 커지고 있다. (출처: envato)

란과 분쟁도 끊이지 않고 있습니다. 이처럼 예측 불가능한 위기와 재난 상황을 가급적 큰 피해 없이 수습하기 위해 빠르고 유연하게 대응할 수 있는 기술을 도입하는 것은 물론이고 사회 구성원들의 긴밀한 협력도 절실하게 필요해지고 있습니다. 이제는 이런 협력에 AI도 힘을 보태게 되었다고 하는데요. 우리가 흔히 떠올리는 AI 하나하나가 각자 협력하게 될 뿐만 아니라, 그 AI들끼리 서로 소통하고 협력함으로써 인류가 마주할 다양한 위기를 해결하고 미래를 바꿔놓을 것이라고 합니다.

AI의 협력이라는 건 구체적으로 어떤 것이며, 지금 어떤 형태로 진행되고 있을까요? 앞으로 서로 소통하고 협력하는 AI가 가장 많이 활용되리라 기대되는 분야는 가장 예측 불가능한 위기 상황이 있는 현장, 바로 '국방'이라고 합니다. 2014년 크림반도 합병과 돈바스 내전, 2022년 러시아의 전면 침공으로 본격화된 러시아-우크라이나 전쟁에서 드론이 활용되기 시작한 이후 이제는 사실상 드론과 AI 없이 전쟁을 할 수 없다는 것이 증명되었다고 보아도 무방합니다.

전술 상황에서 드론들이 적을 타격하는 것은 물론 정찰, 수송 등 다양한 일들을 수행하고 있습니다. 그런 만큼 드론들이 한두 대만 쓰이는 것이 아니라 적어도 수백 대에서 수천 대, 수만 대가 동시에 활용되고 있다는 것입니다.

정교하게 프로그래밍된 이 다양한 드론들이 군집의 형태를 이루어 적을 타격하고 전쟁을 수행하는 데 쓰이고 있지만, 현재로서는 한 가지 큰 문제가 있습니다. 바로 모든 것을 사전에 프로그래밍하거나 사람이 직접 운용하는 데에 한계가 있다는 점입니다. 과거의 전쟁에서 전투원이 총을 들고 직접 싸웠다면, 이제는 전투원이 드론을 조종하게 되었습니다. 문제는 대부분의 경우 한 대의 드론을 사람 한 명이 조종하기 때문에 상당히 비효율적인 상태라는 것입니다. 드론 한 대를 한 명이 조종하는 대신 AI를 활용해 드론 한 대를 스스로 움직이는 하나의 전투원으로 만든다면 전투 효과는 당연히 극대화될 것입니다.

이미 기계 간의 협력이 이루어지고 있는 제조업 현장에서도 AI 간 협력의 필요성이 커지고 있습니다. 공장에서 여러 가지 로봇들이 협력을 이루는 '기가 팩토리' 제조 공정에서는 정교한 프로그래밍과 AI 활용으로 빠른 생산이 가능해졌지만, 사전에 정해진 프로그램으로 움직이는 것이다 보니 어쩌다 작업할 부품의 위치가 약간 어긋난다든지 하는 돌발 상황이 발생하면 공정 전체가 중단될 수도 있습니다. 이런 한계를 극복하기 위해 AI에게 '협력 지능'이 필요한 것입니다.

다시 드론의 경우로 돌아가보면, 현장에서 드론 한두 대만이 AI로 운용되는 경우라면 AI들끼리 '협력'한다는 발상까지는 굳이 필요가 없습니다. 예를 들어 두 대의 드론이 작동하면서 서로의 작업을 방해하지 않도록 거리를 파악하는 정도로 인지하기만 하면 충분할 테니까요. 하지만 한 현장에서 아주 많은 드론이 움직이고 있다면 각자의 위치와 거리를 파악하는 것만으로는 부족합니다. 가령 비행 중인 작은 드론 수백 대에게 갑자기 강한 바람이 불어온다든가 하는 돌발 상황이 일어날 수 있는데, 그저 각각 움직이는 정도의 드론들이라면 이런 상황에 대응하기 어렵습니다. 이럴 때는 드론 한 대 한 대가 지금 모두가 어떤 상황에 처했는지를 적절하게 파악하고 판단을 내릴 수 있어야 합니다. 전체의 상황을 그룹의 일원으로서 판단하고 서로 협력하는 지능이 필요한 것입니다.

AI에게 '협력 지능'이 필요한 이유는 한 대의 드론이나 로봇이 라이다(LiDAR, 레이저를 쏘고 돌아오는 시간을 활용해 거리와 형태를 파악하는 기술) 센서와 같은 장치로 수집할 수 있는 정보의 정확성과 양에 한계가 있기 때문이기도 합니다. 하지만 기능이 한정된 드론이라도 여러 대가 있고 그 여러 대의 드론이 서로 협력한다면 각자 센서로 얻은 정보를 종합해 커다란 공간을 더 빨리 파악할 수도 있고, 강한 바람이 부는 등의 돌발 상황이 일어났을 때에도 각자 파악한 상황을 서로 공유해 적합한 동작으로 사고를 피하는 대응을 할 수 있게 됩니다.

AI 에이전트가
역지사지를 배운다면

자율성이나 협업 능력을 가진 AI라면 아마도 'AI 에이전트'를 떠올리실 텐데요. 정확히는 사용자나 시스템이 설정한 목표를 자율적으로 달성하기 위해 독립적으로 전략을 세우고 실행하는 AI 시스템을 AI 에이전트라고 합니다. 인지심리학자이자 경제학자인 허버트 사이먼은 인간을 '제한된 합리성(bounded rationnality)'을 가진 존재라고 정의했습니다. 즉 인간은 한계 속에서 합리적으로 행동하려는 존재라고 한 것입니다. 사람은 우선 주변의 환경을 감지하고, 감지해낸 정보를 바탕으로 이성적인 의사 결정을 해서 행동에 옮깁니다. 하지만 그 과정이 항상 최적의 결과를 도출하는 것은 아닙니다. 왜냐하면 사람은 환경을 '제한적'으로만 받아들일 수 있기 때문입니다. 우리 각자가 감지하는 환경은 전체의 한 측면에 불과할 뿐입니다. 그렇기에 만약 나와 다른 시각을 가진 사람이 나를 본다면 '왜 저렇게 행동하지?'라고 생각할 수도 있는 것이죠. 사람은 전지전능하지 않기 때문에 제한된 이성을 가질 수밖에 없는데, 거기서 출발해 제한된 이성을 소프트웨어화한 것을 '에이전트'라고 부릅니다.

흔히 AI 에이전트를 '비서' 같은 느낌으로 떠올리곤 하는데, 이와 같은 개념을 통해 생각해본다면 AI 에이전트를 '사람처럼 물리적 세상에 제한된 AI', 그러니까 '내가 하던 일을 하기 위해 나와 거의 동등한 능력을 가진 AI'로 표현할 수도 있겠습니다. 그리고 앞으로 내가 하던 일을 하기 위해 AI 에이전트가 가장 먼저 해야 할 일은 '협력'이

허버트 사이먼의 이론과 AI 에이전트

허버트 사이먼

미국의 인지심리학자이자 경제학자인 허버트 사이먼(Herbert Alexander Simon, 1916~2001)은 AI 분야를 개척한 컴퓨터과학자이기도 합니다. 사이먼은 앨런 뉴얼(Allen Newell, 1927~1992)과 함께 최초의 AI 프로그램인 논리 이론가(Logic Theorist, LT)를 개발했으며, 두 사람은 AI 연구에 대한 공헌을 인정받아 1975년 함께 튜링상을 받기도 했습니다.

전통적인 경제학에서는 모든 정보를 알고 있다는 전제하에 인간이 이를 바탕으로 최대의 이익을 얻는 최적의 선택을 한다고 가정했지만, 사이먼은 현실적인 여러 제약 때문에 인간은 그와 같은 '완벽한 합리성'을 발휘하지는 못하며 주어진 상황에서 자신이 할 수 있는 정도의 합리적 선택을 하는 '제한된 합리성'을 발휘한다고 보았습니다. 그러면서 가장 좋은 선택을 하는 '최적화'보다는 적당히 괜찮은 선택을 하는 '만족화'를 추구한다고 주장했습니다. 이 이론으로 경제학 및 조직 의사 결정 분야에서의 공로를 인정받은 사이먼은 1978년 노벨경제학상을 수상했고, 그의 연구는 인간의 행동을 해석하는 경제학인 행동 경제학은 물론 다양한 학문 분야에 지대한 영향을 주었습니다. 인간의 심리와 행동을 설명하는 개념이었던 제한된 합리성은 인간과 같은 여건에서 판단하고 활동해야 하는 AI 에이전트를 개발하는 데에도 중요한 이론적 기반이 되고 있습니다.

될 것입니다. 가령 나의 AI 에이전트에게 내일 서울까지 갈 교통편을 알아봐 달라고 하면, AI는 우선 기차 예매 시스템을 통해 내게 적합한 기차표를 물색해야 하고, 결제 시스템을 통해 비용을 결제하는 등 다른 시스템들과 협력을 해야 할 것입니다. 회사의 팀원 모두가 각자의 AI 에이전트에게 이번 주 업무 회의 시간을 잡아달라고 한다면, 팀원 한 명 한 명의 AI는 서로 협력해서 자기 사용자들 모두가 참석 가능한 회의의 시간을 조율해내야 할 것입니다.

사람들은 공동의 목표를 위해서 양보와 타협이 반드시 필요하다는 것을 알고 있지만, 지금의 AI는 우선 '협력'이 무엇인지부터 배워야 하는 상태입니다. 앞으로 AI 에이전트들끼리 서로 협력하는 시스템이 만들어질 것이고, 그 시스템에서 협력하고 있는 에이전트들은 각자 개인의 데이터를 학습 기반으로 삼을 것입니다. 이 과정에서 전문가들이 특히 구현하기 까다로울 것이라고 내다보는 점은 보상과 그 보상의 분배 문제입니다. 가령 회의 시간 결정이라는 협력을 수행하면, 협력한 구성원들 전체에게는 '회의를 통해 성공적인 의사 결정을 한다'는 보상이 따라옵니다. 그런데 AI로서는 경우에 따라 이 구성원 전체의 보상을 위해서 자기 사용자에게 "일정을 바꿔서 이 시간에 회의를 해달라"라고 요청을 해야 할 수도 있습니다. 즉 보상의 분배가 이루어지는 것입니다.

보상의 분배 문제는 여러 에이전트들이 협동을 배우는 데 있어서 핵심이 됩니다. AI가 협력을 해야 하는 사안에 대해 명령을 내리는 주체는 따로 있고, 각자의 이익이 상충하기도 하니 아주 복잡해지겠죠? 당연히 여러 에이전트끼리 충돌을 일으킬 수도 있습니다. 현재로서는 이런 충돌이 일어날 경우 개개인의 이익보다는 전체에 대한 보상을 우선시하는 것으로 학습을 시키고 있지만, 다양한 충돌 상황에 대응할 수 있는 경험과 지식을 쌓아야 할 것입니다. 그래서 AI 에이전트에게는 CTDE(Centralized Traning with Decentralized Execution, 중앙 집중 학습 및 분산 실행), 즉 함께 배우고 따로 행동하는 멀티 에이전트 학습 방식이 필요해집니다. 이것은 사람은 할 수 없는 형태의 학습입니다. 특정 상태에서 어떤 행동을 할지 결정하는 규칙 또는 전략을 정책 함수(Policy Function)라고 하는데, 사람과는 달리 AI에게는 이 정책 함수를 필요에 따라 새로 이식할 수도 있고 각각의 AI에게 공통의 정책 함수와의 의사결정 함수를 가지라고도 할 수 있습니다. 그런 방식으로 CTDE를 통해 공통의 의사 결정 모델을 학습하라고 하면, AI는 '역지사지'의 사고를 학습할 수 있습니다. 에이전트가 '내가 저 사람이라면, 저 사람의 에이전트라면 어떻게 행동할까'를 서로서로 교환해서 반복하다 보면 차츰 양보라는 행위도 가능해질 것이라고 전문가들은 내다봅니다. 사람은 자신의 입장을 남의 입장과 완벽하게 바꿔볼 수 없지만, AI는 사람이 아니기 때문에 오히려 입장을 완벽히 바꿔보며 학습할 수 있으니까요.

AI들끼리 유연하게 자율적으로 협력할 수 있는 시스템이란 결코 간단한 환경이 아닙니다. 지시받은 많은 사안을 고려하는 동시에 다른 AI들까지 고려해야 하는 복잡한 상황에서 AI가 스스로 학습하고 협력하려면 보상과 우선순위의 설정이 무엇보다 중요한 요소가 될 텐데, CTDE가 진행되는 동안 각각의 에이전트에게 보상을 어떻게 분배할 것인가에 대해 현재 많은 연구가 진행되고 있다고 합니다.

미사일 방어 보드게임으로 알아보는
에이전트의 협력

에이전트가 CTDE 환경 아래서 서로 협력을 한다는 건 구체적으로 무엇일까요? 세 명이 하는 보드게임을 예로 들어보면 쉽게 이해할 수 있습니다. 이 게임은 서로 통신이 되지 않는 상태에서 어떻게 협력할 수 있는지 실험하는 게임입니다.

　세 명의 에이전트가 격자 영역 안에 떨어지는 미사일들을 방어하려고 합니다. 각 숫자는 떨어지는 미사일의 위협도이고, 초록색 칸이 각각의 에이전트가 자리한 위치입니다. 이 모든 공간을 하나의 에이전트가 방어할 수는 없고 세 에이전트가 각자 쪼개서 방어하는데, 각자의 영역 중에서 겹치는 부분도 있습니다. 여기서 서로 협력해서 떨어지는 미사일을 격추해야 합니다. 사전에 서로 협의할 수 없고, 서로의 선택을 볼 수도 없습니다. 한 에이전트당 세 번의 기회, 총 아홉 번의 방어 기회가 있습니다. 각자의 관점에서 이익을 최대화해, 위협도를 최대한 낮춰야 합니다. 세 에이전트 모두가 방어할 지점을 선택하고 나면, 셋이 방어한 위협도의 총합이 점수가 됩니다.

　이 게임에서 에이전트 A는 자기 영역에서 가장 위협도가 높은 '9' 지점만을 세 개 골랐습니다. 에이전트 B도 마찬가지로 자기 영역에서 보이는 '9' 지점을 세 개 골랐습니다. 두 에이전트 다 가장 높은 점수를 고른다는 이기적 선택을 했습니다. 에이전트 C는 에이전트 A와 B가 위협도가 높은 '9'를 골랐을 것이라고 예측하고, 겹칠 것으로 예상되는 '9' 지점을 피해 그 주변에 있는 '8'과 '7' 지점을 하나씩, 다

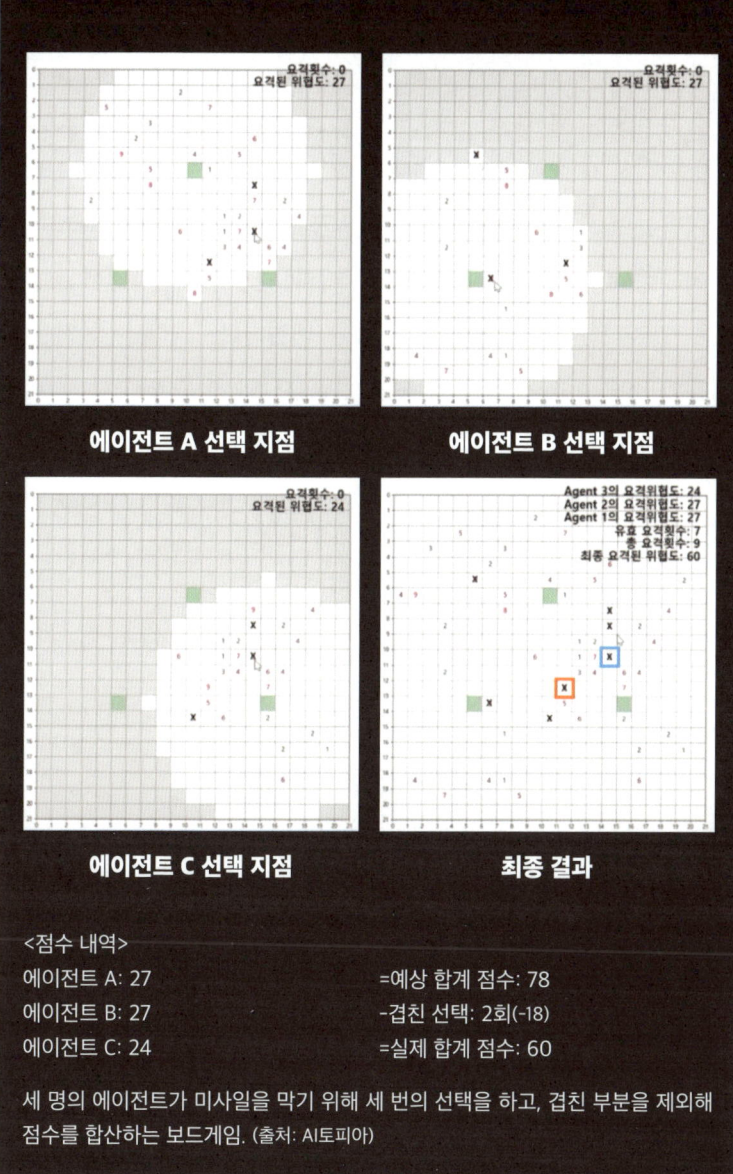

에이전트 A 선택 지점   **에이전트 B 선택 지점**

에이전트 C 선택 지점   **최종 결과**

<점수 내역>

에이전트 A: 27	=예상 합계 점수: 78
에이전트 B: 27	-겹친 선택: 2회(-18)
에이전트 C: 24	=실제 합계 점수: 60

세 명의 에이전트가 미사일을 막기 위해 세 번의 선택을 하고, 겹친 부분을 제외해 점수를 합산하는 보드게임. (출처: AI토피아)

른 '9' 지점도 하나 골랐습니다. 점수를 합산해보면, 똑같은 '9' 지점을 고른 선택이 두 번 겹쳤기 때문에 같은 곳을 방어한 셈이 되어 쓸모없어졌습니다. 세 에이전트는 모두 합해 78이라는 점수(27+27+24)를 얻을 거라고 계산했겠지만, 실제로 얻은 점수는 선택이 겹친 두 곳(-18)을 제외한 60이 되었습니다. 각자가 어디를 선택할지 사전에 조율을 할 수 있었다면 위협도가 더 낮은 곳을 택했더라도 겹치는 선택을 하지 않아 점수를 더 높게 받을 수도 있었습니다. 아주 단순한 세 번의 선택을 세 명이 한다는 것만으로도 굉장히 복잡한 상황이 된다는 것, 아시겠죠? 간단한 게임에서도 최적의 결과를 내는 것이 이만큼 어려우니, 실제 상황에서 협력하는 AI를 만드는 일도 그만큼 어렵다는 것을 느낄 수 있습니다.

인간의 협력과
AI의 협력이 함께 갈 수 있도록

미사일 보드게임에서 알 수 있었듯이, AI 각자가 자신의 이익을 택하는 것을 넘어 공동의 목표를 달성하기 위한 최적의 판단을 내리게 하기 위해서는 인간이 그동안 쌓아온 다양한 타협과 조정의 스킬들을 가르칠 필요가 있습니다. 가령 공공재인 '환경'을 이기적으로 쓰지 않고 공동의 선을 이루기 위해 인간 사회가 어떻게 조정을 하는지 살펴볼까요.

미국에는 땅 주인이 없는 대평원이 있습니다. 누구의 소유도 아니기 때문에 그간 카우보이들은 대평원에 자유롭게 소를 몰고 와서 풀을 뜯게 했습니다. 누구의 소유도 아니지만 목초는 제한된 자원이기 때문에 아무 규제 없이 계속 뜯어 먹게 하면 목초지는 결국 사라지고 환경은 보존되지 않을 것입니다. 그래서 정부는 이 목초지 사용권을 경매하기 시작했습니다. 목초지의 1년 사용권을 경매하고 낙찰받은 사람이 사용료를 내는 대신 목초지를 이용해 소를 키우는 것이죠. 정부는 이 돈을 가져가서 공유지 사용권을 낙찰받지 못한 농부나 카우보이에게 나눠줍니다. 그러자 재미있게도 이 경매에 환경주의자들도 참여하기 시작합니다. 이들은 목초지를 사용하는 것이 아니라 그대로 두어서 환경을 보호하기 위해 사용권을 낙찰받으려고 하는 것입니다. 환경주의자들이 낙찰을 받으면 누구의 소도 목초지의 풀을 뜯어먹지는 못하지만, 대신에 정부가 얻은 사용료를 낙찰받지 못한 사람들에게 나눠주는 것은 똑같습니다.

이것은 각자가 이기적인 의사 결정을 하려고 하지만 타협과 조정을 통해서 모두가 조금씩은 이득을 볼 수 있도록 마켓을 디자인하는 과정입니다. 어느 한쪽에게도 절대적인 손해를 주지 않으면서 어느 정도는 살아갈 수 있도록 보장해주는 시스템을 만드는 것입니다. 이처럼 사람들은 공공재적인 자원은 물론 사회적 이슈들에 대해서 타협과 조정을 하는 다양한 스킬들을 갈고닦아 왔습니다. 그런 스킬은 지식화되어 있고요. 공동의 선을 이루기 위해 지식화한 타협과 조정의 스킬들을 AI에게 이전시키는 노력이 필요할 것입니다.

그러기 위해서는 많은 수고가 필요하겠지만, AI는 협력의 스킬을 배우는 데 매우 유리한 특징을 하나 가지고 있습니다. 바로 의사결정 체계를 손쉽게 바꿀 수 있다는 것입니다. 사람과 AI의 궁극적인 차이는 사람은 의사결정의 체계를 쉽게 바꾸지 못한다는 데 있다고 할 수 있을 겁니다. 영어 속담 중에 "나이 든 개에게는 새로운 재주를 가르치기 힘들다"라는 것이 있습니다. 나이가 들어갈수록 자기만의 사고와 방식에 갇히기 쉽다는 뜻이죠. 사람은 살아가면서 쌓은 경험에 맞추어 의사결정 체계가 뇌에 새겨지다시피 하기 때문에 그 체계를 쉽게 바꾸기 어렵습니다. 뇌의 입장에서는 그 체계를 따르는 것이 효율적이라는 것을 알고 있기도 하고, 그에 따라 지금까지 생존해왔다는 사실이 강력한 보상으로 작동하기 때문입니다. 하지만 인공적으로 만들어진 시스템인 AI라면 이런 한계를 얼마든지 넘을 수 있습니다. AI 에이전트에게 일을 시키면서도 새로운 문제 상황에서는 그에 적합한 새로운 AI 에이전트를 또 심어넣을 수 있겠지요. 의사결정 체계를 끼웠다 뺐다 할 수 있으니, 사람으로서는 할 수 없는 진정한 역지사지가 가능하다는 점을 미루어 볼 때 AI가 더 공정한 시각으로 세상을 보고 공동의 선을 위해 협력할 능력을 갖추는 원동력이 될 수 있을 것입니다.

AI를 사용하는 이유는 공동의 선을 얻기 위해서이기도 하지만 각자의 이익을 위해서이기도 하기 때문에, 그 사이에서 적절한 균형을 찾아가는 것 또한 협력하는 AI가 풀어야 할 핵심 과제입니다. 지금은 아주 제한적인 상황에서 '너희는 인간의 목적을 위해 협력해야 하는 기계'라는 차원의 '협력 지능'을 AI에게 가르치기 시작한 단계입니다. AI가 협력의 스킬에 관해 더 많은 지식을 쌓아갈수록, 다른 AI들과 협력적 혹은 경쟁적인 상황에서 어떻게 판단하고 행동해야 할지, 또 사람이라는 존재와는 어떻게 협력해야 할지를 알 수 있게 될 것입니다. AI가 단순한 '협력 지능'을 넘어 '사회적 지능'을 가지게 되었다고 말할 수 있게 된다면, 기계였던 AI는 그때 '사람과 함께 사는 존재'에 한 발 더 가까워지지 않을까요.

8장 위성 영상으로 전쟁의 징후를 읽는 AI

인공위성은 데이터로 세계를 관찰하는 AI의 눈입니다. 위성과 AI의 결합은 전쟁의 징후를 감지하고, 재난의 확산을 예측할 수 있습니다. 위성 영상 AI 분석 기술이 어떻게 발전하고 있고, 실제로 어떻게 활용되는지 살펴봅시다.

재난과 분쟁 속, 더 중요해지는 위성의 역할

세상의 많고 많은 데이터 중 특히 중요하면서도 민감한 데이터는 무엇일까요? 사람마다 가장 중요하다고 생각하는 데이터는 다를 수 있겠지만, 그 중요하고도 민감한 데이터 가운데 국방과 안보 관련 데이터의 존재감이 유독 크다는 사실에는 누구나 동의할 것입니다. 국가의 흥망을 좌우할 수 있는 것은 물론이고 국민의 생명, 안전과 직결되는 데이터라 할 수 있으니까요. 과거에는 다른 국가의 정치 상황을 알기 위해 실제로 정보원을 파견해 정보를 수집하거나, 재난이나 전장의 현황을 직접 눈으로 보고 피해나 진행 상황을 판단할 수밖에 없었습니다. 이후 지구 궤도에 위성을 쏘아 올려 우주에서 지상을 관측할 수 있게 되자, 직접 사람이 가지 않더라도 지구 반대편의 상황까지도 파악하고 분석해 의사결정을 할 수 있는 시대가 되었습니다. 그에 더해 이제는 위성으로 관측한 다양한 정보를 AI를 활용해 분석하는 시대가 되면서, 관측 데이터에 대한 해석도 전쟁의 전략도 달라지고 있습니다.

특히 러시아-우크라이나 전쟁을 기점으로 전쟁에서 위성의 기능과 역할이 매우 커졌음이 드러났고, 전 세계 특히 유럽 국가들은 빠르게 더 많은 위성을 확보해야겠다는 결정을 하게 되었습니다. 2025년 이스라엘과 이란 사이에 일어났던 분쟁 상황에서는 특히 위성으로 얻은 정보가 매우 빠르게 공급되는 것을 세계가 실감할 수 있었습니다. 미국이 이란의 주요 핵시설에 B-2 폭격기로 '벙커버스터'라는 최신형 폭탄을 투하했을 때, 많은 위성 기업이 이 공격 현장을 촬영해 언론에 공급하면서 실제 폭격이 언제 어떻게 이루어졌으며 피해 상황은 어땠는지를 전 세계에 빠르고 확실하게 보여줄 수 있었던 것입니다.

유엔우주국(UNOOSA)에 따르면 2024년 6월 기준 11,780개의 위성이 지구 궤도를 돌고 있었고, 2025년에는 위성 수가 20,000개를 넘어섰으며 그중 실제 작동하는 활성 위성은 10,000개 이상이라는 보고도 있었습니다.* 대한민국도 이제까지 20여 개의 위성을 발사했으며,

전쟁에서 공격하는 쪽은 공격의 명분과 정당성을 확보하기 위해서, 공격받은 쪽에서는 피해 규모를 빠르게 파악하고 대응하기 위해서 위성으로 얻은 데이터를 활용한다. (출처: 프랑스 텔레비지옹(프랑스 공영방송))

이 중 10개 내외의 위성이 작동 중입니다.[**] 대부분 저궤도에서 통신을 하고 정보를 수집하는 이 위성들이 쏟아내는 데이터가 어마어마해진 상황에서, 이 많은 데이터를 분석하는 데 AI의 힘이 실리기 시작한 것입니다.

● '10㎝보다 큰 우주 쓰레기 5만 개 넘어섰다', 조선일보, 2025. 4. 10., https://www.chosun.com/economy/science/2025/04/10/ECGRJJX7MRGKVJPOZX4KF32FUI/.

●● '인공위성 개요', 한국항공우주연구원, 2026, https://www.kari.re.kr/kor/contents/32.

미국이 이란의 주요 핵시설에 B-2 폭격기를 이용해 떨어뜨린 최신형 폭탄 벙커버스터 테스트 발사 장면. (출처: 구글)

위성의 영상은
어떻게 AI로 분석될까?

현재 위성 영상을 AI로 식별하고 분석하는 기술은 공급되는 데이터 양이 압도적으로 많은 미국이 가장 앞서 있고, 러시아-우크라이나 전쟁이라는 특수한 상황에서 많은 데이터를 수집하게 된 유럽연합이 그 뒤를 잇고 있습니다. 한국의 기술도 그에 못지 않게 상당한 수준입니다. 한국의 활성 위성들과 타국의 300~400여 개의 위성들까지 활용해 다양한 데이터를 분석하고 있는 한국의 위성 영상 AI 분석 기업인 에스아이에이(SI Analytics, SIA)는 북한의 미사일 발사를 예측하거나 미국의 자연재해로 인한 피해 상황을 분석하는 등 AI를 이용해 산업별로 최적화된 분석 작업을 해내고 있습니다.

에스아이에이는 여러 언어 AI들이 LLM(Large Language Model, 대형 언어 모델)을 도입한 것처럼 LSM(Large Satellite Model, 초거대 위성 모델)을 학습과 활용에 도입했습니다. 초기에는 국내 위성 전문가들의 노하우를 바탕으로 항공기, 선박, 차량 등의 영상을 일일이 라벨링을 통해 학습시키다가 LSM을 도입해 다량의 위성 사진과 영상을 AI에게 주고 스스로 강화 학습을 하게 한 것입니다. 주로 전쟁 전에 어떤 징후가 있는지를 많이 검토한다는 에스아이에이는 영상으로 지형, 지물을 추적하는 방식으로 북한의 미사일 발사 시점을 예측해냈습니다. 그간 미사일 발사 전과 이후를 촬영한 영상을 분석하니, 먼저 새로 도로와 건물을 건설한 후 주요 인물이 방문해 관측을 하는 영상이 나타나면 조만간 미사일이 발사되는 경향이 발견되었습니다. 여기서 착안해 위성으로 촬영한 수많은 영상 중 새로 생긴 도로, 새로 지은 건물을 추적하는 방식으로 예측하여 몇 번의 발사를 포착할 수 있었습니다.

이와 비슷한 방식으로 북한의 경제적인 동향을 미리 예측하기도 했는데, 원산에 리조트 시설을 건설하는 현장이 촬영된 후 리조트가 어떤 규모로 언제쯤 개장할 것인지 예측하기 위해 현장의 변화는 물론 드나드는 공사 차량들의 수까지 모니터링했습니다. 실제 리조트의 개장 시점을 예측하는 리포트가 작성된 후에 북한이 대외 방송을 통해 러시아와 중국을 대상으로 리조트 사업을 시작한다는 발표를 했다고 하니, 분석이 정확할 뿐만 아니라 빠르기까지 하다는 것이 입증된 셈입니다.

AI가 이 정도까지 의미 있는 분석을 해낼 수 있게 된 데에는 위성 영상의 품질이 매우 높아졌다는 사실이 큰 몫을 합니다. 한국이 처음 위성을 발사했던 1992년도에는 영상 1픽셀의 해상도가 400미터 정도였습니다. 이것은 400미터보다 큰 물체만 식별할 수 있다는 의미입니

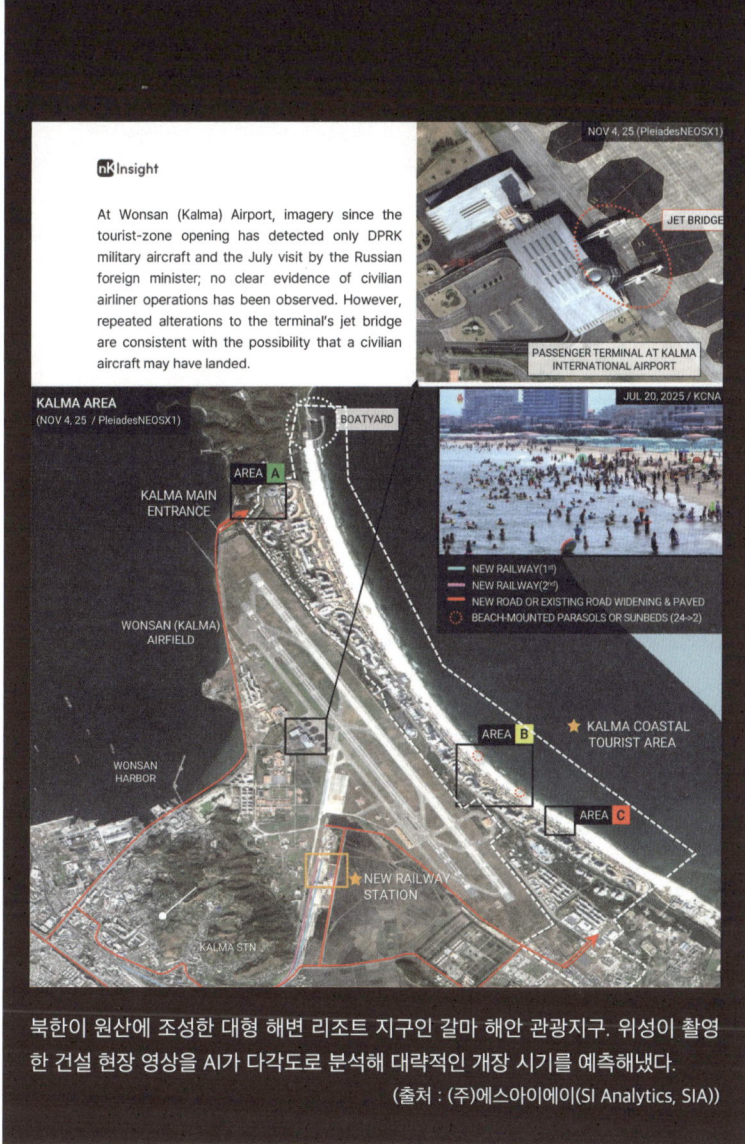

At Wonsan (Kalma) Airport, imagery since the tourist-zone opening has detected only DPRK military aircraft and the July visit by the Russian foreign minister; no clear evidence of civilian airliner operations has been observed. However, repeated alterations to the terminal's jet bridge are consistent with the possibility that a civilian aircraft may have landed.

NOV 4, 25 (PleiadesNEOSX1)

JET BRIDGE

PASSENGER TERMINAL AT KALMA INTERNATIONAL AIRPORT

KALMA AREA
(NOV 4, 25 / PleiadesNEOSX1)

BOATYARD

AREA A

KALMA MAIN ENTRANCE

JUL 20, 2025 / KCNA

NEW RAILWAY(1st)
NEW RAILWAY(2nd)
NEW ROAD OR EXISTING ROAD WIDENING & PAVED
BEACH-MOUNTED PARASOLS OR SUNBEDS (24→2)

WONSAN (KALMA) AIRFIELD

AREA B

★ KALMA COASTAL TOURIST AREA

WONSAN HARBOR

AREA C

★ NEW RAILWAY STATION

KALMA STN.

북한이 원산에 조성한 대형 해변 리조트 지구인 갈마 해안 관광지구. 위성이 촬영한 건설 현장 영상을 AI가 다각도로 분석해 대략적인 개장 시기를 예측해냈다.
(출처 : (주)에스아이에이(SI Analytics, SIA))

다. 아주 큰 건물 혹은 지형 정도가 보이는 셈이니 그리 세밀한 관측은 할 수 없었죠. 그러나 최근에는 1픽셀당 25센티미터를 구분할 수 있을 정도로 영상 해상도가 높아졌습니다. 25센티미터보다 큰 물체를

구글 딥마인드의 알파어스는 10미터의 해상도로 위성 이미지, 레이더, 고도 데이터 등을 통합한 방대한 관측 데이터를 전 세계 규모로 제공하고 있다. (출처: 구글 딥마인드)

식별할 수 있는 것이니 사람 정도의 형상도 충분히 구분할 수 있게 된 것입니다. 그 정도 크기의 물체나 사람이 어떤 차량이나 비행기로 이동을 한다는 정보가 있으면 동선까지 추적해서 최근의 위치를 알아낼 수 있습니다. 또 위성은 일반적인 광학 영상만을 찍는 것이 아니라 적외선 영상이나 레이더 정보 등 다양한 데이터를 수집해 전송하는데, 이제까지는 각각 다른 데이터를 식별하고 분석하는 AI가 따로 구분되어 있었지만 최근에는 초거대 모델을 만들어 통합적으로 데이터를 분석하는 추세입니다. 2025년 구글 딥마인드에서도 수십 년간 전 세계 모든 지형을 촬영한 데이터를 알파어스(AlphaEarth)라는 AI 모델로 공개했고, NASA와 IBM이 공동 개발한 프리트비-EO(Prithvi-EO)도 기후와 지리를 분석하며 재난 탐지나 도시 계획에 활용되고 있습니다.

이들 초거대 모델 AI는 광학 영상도 활용하지만 SAR(Synthetic Aperture Radar, 합성 개구 레이더) 영상, 라이다, 기상, 기후, 지형, 지표 데이터 등 한 지점이 가지고 있는 다양한 정보들을 합쳐 통합적으로 분석할 수 있게 합니다.

'모두의' 위성 데이터,
위험에 대비하고 미래를 준비하다

위성 영상을 분석하는 AI 초거대 모델의 등장으로 수십 년 동안 전 지구가 어떻게 바뀌고 있는지를 빠르게 파악하는 것은 물론, 지구의 한 점 한 점을 다양한 목적으로 분석할 수도 있게 되었습니다. 빨라진 분석 속도는 전쟁 같은 분쟁 상황은 물론 여러 가지 자연 재해에 대처하는 방식에도 변화를 불러오고 있습니다. 미국 국방부는 10년 동안 전세계에서 일어난 산불, 홍수, 쓰나미 등 자연 재해의 위성 영상을 모아 에스아이에이에 제공하며 이런 재해가 있을 때 주로 사람이 사는 건물에 얼마나 많은 피해가 있었는지 AI로 분석해달라고 의뢰했고, 이를 위해 개발된 모델이 현재 NASA의 재난 프로그램에서 활용되고 있습니다. 특히 최근 LA와 호주 등에서 큰 산불이 났을 때에도 각국의 기관들이 모은 위성 영상을 AI 모델로 빠르게 분석해 어떤 지역에 어느 정도 피해가 있는지를 파악하고 분류한 데이터를 구조 활동에 활용했다고 합니다.

순식간에 큰 피해가 번지는 재해 상황에서는 가능한 한 빠르게 피해 상황을 알아야 최대한 인명을 구조할 수 있는데, 현재 위성 촬영과 전송 속도가 상당히 빨라졌다는 사실은 고무적입니다. 저궤도 위성은 15분에서 30분 정도 간격으로 촬영이 가능하지만 이 경우는 전세계 모든 위성을 활용하는 셈이라 비용이 매우 크기 때문에, 더 낮은 비용과 더 짧은 시간 간격으로 촬영 가능한 정지궤도 위성으로 10분 단위로 기후를 촬영해 데이터를 수집합니다. 정지궤도 위성이 자리한 아시아 근처를 지나는 모든 구름이나 태풍을 10분 단위로 볼 수 있는 것이죠.

위성 영상과 AI의 만남으로 앞으로 일반 대중이 새로운 거대 데이터에 쉽게 접근하게 될 것이 확실시되고 있습니다. 전 세계 모든 지역, 그리고 그 지역에서 10분에서 30분 단위로 일어나는 '변화'를 누구나 위성으로 내 손 안에서 볼 수 있는 시대가 오고 있는 것입니다. 그간 개인이 좀처럼 접하거나 다룰 수 없었던 기후, 지형과 관련된 데이터를 다룰 수 있게 된다는 사실은 이와 함께 수많은 시장이 등장하리라는 예고이기도 합니다. 가령 현재에도 부동산 입지 분석에 위성 영상 정보가 많이 활용됩니다. 만약 100만 평이 넘는 거대한 부지에 반도체 공장을 짓는다고 한다면, 공장을 세울 지역은 적어도 수십 년간 지진이나 홍수 같은 재해로부터 안전했어야 하고 운송을 위해 다른 지역으로의 교통이 원활할 정도의 지형 조건을 갖추어야 할 것입니다. 부지를 매입하려고 할 때 이런 조건들이 충족되는지를 따져보려면 그간 그 지역의 기후 데이터나 구체적인 지형 데이터 등을 당연히 참고하게 됩니다. 그런 식으로 위성 데이터가 빌딩 매각이나 매입, 부지 등을 결정하는 데 활용이 되고 있는 것입니다.

'변화'를 빠르게 확인할 수 있다는 점을 통해 이 데이터가 사회

8장. 위성 영상으로 전쟁의 징후를 읽는 AI

적인 선을 위해서도 활용될 수 있다는 상상을 해볼 수도 있습니다. 이를테면 재해나 전쟁으로 파괴된 지역을 복구하는 데 필요한 기부금을 모은다고 할 때, 기부자 한 사람 한 사람이 자신이 후원한 지역에 지원 차량이 도착해 캠프가 건설되고, 건물이 수리되고 도로가 복구되는 등의 변화를 실시간으로 확인할 수 있다면 이 데이터 자체가 기부라는 선행에 대한 보상이 될 수 있습니다. 또 이런 과정을 통해 더 많은 기부를 유도하고 재난 대처 방안을 알리는 사회적 캠페인을 이끌어가는 식의 활용으로 나아갈 수 있다는 상상도 가능합니다.

데이터, 공유와 교란
그리고 주권

지구 궤도를 공전하면서 어디든 촬영하는 위성이 많아질수록, 그리고 거기서 얻은 데이터를 처리하는 AI가 더 발달할수록, 국제적인 분쟁과 전쟁은 우리가 생각해보지 못한 형태로 변해갈 것입니다. 무엇보다 안보나 작전상의 민감한 정보를 안전하게 숨긴다는 것이 정말 힘들어질 수 있습니다. 사람이 직접 찾기 힘든 외진 장소에 새로운 미사일 발사 기지를 짓는다고 해도 25센티미터까지 식별 가능한 위성 영상을 보고 AI는 기지로 가는 새로운 도로를 발견할 것입니다. 아무리 깊은 지하에서 새로운 폭격기를 비밀리에 개발한다고 해도, 위성이 수집한 적외선 데이터로 AI는 조립되고 있는 대형 폭격기의 위치를 추적해낼 수 있습니다.

　이런 상황에서는 오히려 데이터를 조작하는 것이 더 유효한 작전이 될 수도 있습니다. 실제로 핵무기가 없는 나라라도, 다른 나라에서 핵 시설로 오인할 만한 건물을 지어서 기술을 보유한 것처럼 보이면 어떨까요? 실제로 핵무기가 있을지도 모른다고 적대적인 국가를 은근히 교란해 협상에서 유리한 지점을 만들 수 있을지 모릅니다. 예전부터 전쟁에서 디코이(Decoy, 유도탄과 탐지 장비를 혼란시키는 가짜 표적)를 만들어 적을 교란하는 일은 흔했지만, 위성 촬영이 일반적인 일이 되고 난 후에는 새로운 형태의 디코이가 등장했습니다. 바로 위성 촬영 영상으로 보았을 때 착각하게 만드는 디코이입니다. 최근 모 국가에서는 비행장 활주로에 전투기를 그려 위성 영상에서는 고성능 전투기가 있는 것처럼 보이게 해놓았습니다. 한편 탱크 모양의 풍선 속에 열을 발생시키는 장치를 넣어서 광학 영상과 적외선 영상에서 진짜 작동하는 탱크인 것처럼 보이게 한 사례도 있다고 합니다.

이렇게 되면 전쟁에서 정보를 얼마나 빠르고 정확하게 입수하느냐가 가장 중요한 문제가 될 것입니다. 위성 영상으로 적국의 미사일 기지와 미사일의 정확한 위치까지 알 수 있다면, 요격을 가해 미사일만 파괴할 수도 있을 것입니다. 하지만 적국도 위성 영상으로 상대가 우리 미사일을 요격할 계획이 있다는 것을 파악했다면 가짜 미사일을 배치해두거나 아예 선제 공격을 할 수도 있겠죠. 이렇게 복잡한 정보전이 펼쳐질 것을 국가들이 고려해 군사적인 충돌 상황이 닥치기 전에 협상으로 분쟁을 해결하거나, 예측을 통해 최대한 민간인에게 피해가 없도록 작전을 수행한다면 데이터 활용으로 전쟁의 피해를 줄이는 경우가 될 수도 있을 것입니다.

하지만 다른 나라의 위성이나 기지국을 파괴해서 정보를 차단하고 통신수단을 빼앗는 사태도 충분히 예상할 수 있습니다. 이 때문에 스페이스X의 통신위성인 '스타링크'가 군사 목적의 위성으로 근래 특히 주목받게 되었습니다. 스타링크는 전체 개수가 6,000개가 넘는 군집 위성으로 저궤도에서 광학 촬영은 하지 않고 통신 기능을 제공하는 위성입니다. 광범위한 인터넷 서비스를 위해 스타링크를 띄운다고 했을 때 세간의 반응은 '전 세계에 이미 깔린 광통신망이 있는데 굳이 위성 인터넷이 필요가 있겠느냐'는 것이었습니다. 그러나 러시아-우크라이나 전쟁에서 러시아가 우크라이나의 통신망을 파괴했을 때 스타링크가 우크라이나군의 통신을 복구해내면서 통신수단으로서 위성의 필요성이 다시 주목받게 된 것입니다.

　여기에 더해 위성이 전송하는 데이터가 커지고 많아지게 된 추세가 AI와 결합해 위성 활용의 패러다임을 바꾸고 있습니다. 이전까지는 지상에서 사람이 명령을 내리면 위성이 명령대로 촬영한 데이터를 지상으로 보내서 확인하고 분석하는 과정을 거쳤는데, 이제 너무 많은 데이터가 오가야 하다 보니 차라리 위성에 온디바이스 AI를 탑재해 곧바로 분석을 시키자는 발상을 실현하게 된 것입니다. 위성 궤도에서 AI가 바로 영상을 분석해 그 결과를 스타링크나 다른 통신위성을 통해서 그 다음 차례에 있는 위성으로 전달해주게 된 것이죠. 위성들끼리의 협업으로 패러다임이 바뀌고 있는 셈입니다. 이는 곧 각 위성의 AI들끼리 협업을 하는 것이죠. 일반적으로 위성은 초속 9킬로미터에 달하는 빠른 속도로 움직여, 북극 상공에서 남극을 향해 궤도를 지나 다시 북극까지 90분이면 도달합니다. 이 위성이 한반도 위를 지나는 시간은 불과 1-2분 정도인데, 만약 한반도에서 무언가를 다시

위성들에 AI가 탑재되고 그 AI들끼리 협업하는 식으로 데이터 수집 작업이 이루어
진다면 더 정확한 품질의 데이터를 더 빠르게 확보할 수 있게 된다.(출처: envato)

한번 촬영해 확인하고 싶은 것이 있다면 90분 후에 같은 위성이 돌아
와서 촬영하는 게 아니라 그 위성 뒤에 따라오던 다른 위성이 촬영해
서 영상을 전달해주고 원하는 정보를 바로 식별하는 식의 협업을 할
수 있는 것입니다. 마치 이어달리기를 하는 것처럼요.

　위성과 AI의 결합으로 이렇듯 빠르게 중요한 데이터를 확보할 수
있게 된 시대에는 사용할 수 있는 위성이 적거나 없는 나라가 상대적
으로 정보의 약소국이 될 수밖에 없습니다. 또 위성 영상을 확보했더
라도 그것을 의미 있게 활용할 수 있는 데이터로 분석하고 가공할 기
술이 없다면 그 부분을 다른 나라에 의존해야 하니 자연스럽게 그 나
라의 '데이터 주권'이 약해질 것임을 예상할 수 있습니다. 한편으로 장
비나 기술이 충분한 국가라 하더라도 필요한 모든 데이터를 스스로

확보하는 데에는 한계가 있을 것입니다. 그러니 위성 영상이라는 새롭고도 강력한 데이터를 여러 주체 간의 협상을 통해 제공하고 또 제공받는 공유의 문화가 중요해질 것이라는 예측도 해볼 수 있습니다.

방대한 규모의 위성 데이터는 그 쓸모가 마치 100층짜리 건물과도 같지만, 데이터의 특성상 그중 실제로 우리가 쓸 수 있는 층은 1-2층밖에 안 될 수도 있습니다. 나머지 99층을 필요한 다른 사람들에게 공유한다면 서로 만족하면서 더 효율적으로 공간을 활용하는 셈이 되겠죠. AI들이 협력해 우주에서 보내온 전 지구의 데이터를 전 지구인이 소외당하지 않고 접할 수 있는 '모두의 데이터'로 만들어가기 위해, 인간들도 많은 협력으로 힘을 보태야 할 것 같습니다.

스마트폰 부품으로 위성을 만든다고?

SF영화에서는 위성에서 촬영한 영상이 거의 실시간으로 전송되는 장면이 자주 등장합니다. 위성이 지상에서 더 가까운 위치에 있다면 더 빠르게 더 세밀한 영상을 촬영할 수 있을 것입니다. 이를 실현하기 위해 최근에는 더 낮은 고도에서 작동하는 '초저궤도' 위성이 많이 개발되고 있습니다. 낮은 궤도에서 활용한다면 굳이 멀리 올려 보낼 필요도 없고 크기가 클 필요도 없으니 운송에서도 많은 비용을 줄일 수 있고 위성 자체를 만드는 데에도 큰 비용이 들지 않게 됩니다.

빠르게 촬영해 전송하는 것을 목적으로 한다면, 우리가 흔히 쓰고 있는 스마트폰 부품 정도로도 위성을 만들 수 있습니다. 스마트폰의 빠른 프로세서와 고해상도 카메라, GPS 수신기와 라디오는 위성 역할을 하기에 충분합니다. NASA는 이미 2013년에 스마트폰으로 만든 폰셋(PhoneSats)이라는 머그컵만 한 소형 위성을 쏘아 올려 원활하게 작동하는 것을 확인했습니다. 소형 위성 시장은 현재 폭발적으로 성장 중이며, 2030년까지 수백억 달러 규모로 확대될 전망이라고 합니다. 여기에 AI 기술이 결합한다면 소형 위성의 활약은 더욱 다채로워질 것입니다.

생성형 AI의
9장
무한한 가능성을 찾아서

생성형 AI가 엑스레이를 판독하고, 질병을 예측하는 시대가 왔습니다. 의사보다 더 빠르고 정확한 진단을 하는 것은 물론, 이제는 AI가 스스로 신뢰도를 검증하며 질병의 원인을 밝혀내고 신약 개발까지 이뤄내고 있다고 합니다. AI를 통한 물질의 시각화가 가능해졌고, 그 결과 난치병의 원인 규명과 치료 설계가 가능해졌지요. 생성형 AI가 어떻게 이런 발전을 이룰 수 있었고 또 어떤 놀라운 일을 해낼 수 있는지 더 자세히 알아봅시다.

생성형 AI가 열어젖힌
다채로운 혁신의 문

'생성형 AI'라는 용어를 이제까지 들어보지 않았다고 해도 이 말을 들는 즉시 오픈AI의 챗GPT를 떠올릴 사람은 많을 것입니다. '만들어달라'고 지시만 내리면 보고서의 초안이나 일러스트를 척척 '생성'해내는 챗GPT의 기능이 떠오를 테니까요. 실제로 챗GPT는 현재 가장 유명하며 처음으로 대중화된 생성형 AI입니다. 그 덕분에 AI의 '생성'하는 기능을 다양한 분야에 활용할 수 있다는 사실 또한 대중에게 알릴 수 있었죠. 2025년 초, 커뮤니티나 SNS 곳곳에서 일본의 애니메이션 영화사인 '스튜디오 지브리'의 그림체를 닮은 일러스트가 눈에 띄기 시작했습니다. 챗GPT에서 새로운 버전으로 선보인 이미지 생성 기능을 이용해 애니메이션 작품 특유의 그림체로 원하는 내용을 그려달라고 지시하는 것이 일파만파 유행처럼 번진 것이죠. 스튜디오 지브리의 작품을 좋아하는 사용자들은 자신의 사진이나 만들어보고 싶었던 장면이 몇 초 안에 실제 애니메이션의 한 장면처럼 나타나자 열광했습니다. 그림을 전혀 그릴 줄 몰라도 프롬프트 한 줄이면 AI가 대신 원하는 장면을 만들어주니 '생성'의 즐거움과 가능성을 만끽할 수 있었던 것입니다. 생성할 줄 아는 AI의 원리는 새로운 기술에 접목되어 의료적 진단을 비롯한 검색, 창작 등 다양한 분야로 퍼지면서 혁신을 일으키고 있습니다.

ASI(초인공지능)와 AGI(범용 인공지능)

오늘날 생성형 AI는 인간의 창작물과 비교해도 크게 뒤떨어지지 않는 결과물을 만들 만큼 발전을 거듭하고 있습니다. AI 전문가들과 미래학자들은 인간의 지능 수준을 크게 뛰어넘는 AI가 언젠가는 나타날 것이라고 내다보고 있습니다. 창의력, 문제 해결력, 사회적 상호작용 등 모든 면에서 인간을 압도하는 ASI(Artificial Super Intelligence), 즉 '초인공지능'은 미래에 나타날 가장 궁극적인 AI라고 할 수 있습니다.

하지만 아직 기술의 한계 때문에 현재의 AI 기술은 ASI의 전 단계라고 할 수 있는 AGI(Artificial General Intelligence), 즉 '범용 인공지능' 구현을 목표로 삼고 있습니다. AGI는 한 가지 작업만 하는 것이 아니라 인간처럼 스스로 학습하고 사고하며 종합적인 작업을 수행할 수 있는 인간에 가까운 수준의 지능을 가진 AI를 가리킵니다.

생성형 AI는 어떻게 이렇게 매우 빠른 시간 안에 무언가를 만들어낼 수 있을까요? 이를 뒷받침하는 생성형 AI의 가장 큰 특징은 데이터 샘플 하나하나를 습득하는 것을 넘어 데이터 분포 자체를 학습하는 능력이 있다는 것입니다. 몇 가지만 보고도 내용 전체를 파악해내는 '공부 머리' 있는 학생을 가리켜 흔히 "하나를 가르쳐주면 열을 안다"라고 하는데, 생성형 AI의 공부 머리도 바로 그렇습니다. 주어진 각각의 샘플만 학습하는 것이 아니라, 샘플과 샘플 그 사이에 있을 수 있는 또 다른 어떤 샘플을 유추할 수 있게 된 것입니다. 여기에 더해 다양한 형식의 데이터를 함께 처리하는 멀티모달에 대해서도 그러한 예측을 할 수 있기 때문에 서로 다른 데이터가 가지고 있는 정보 처리 방식을 각각 학습했을 때에도 그 중간에 해당하는 데이터까지 유추해

냅니다. 오디오, 텍스트, 이미지에 대한 데이터를 각각 독립적으로 학습했더라도 그 데이터들을 종합적으로 인지할 수 있는 능력이 있다고 보면 됩니다. 그래서 가령 멀티모달 데이터가 부족하고 하나의 모달리티에 대한 데이터만 많이 있는 경우에도, 있는 데이터에서 유추해 새로운 멀티모달 데이터를 생성할 수 있는 것입니다.

과학과 의료 현장에서
대활약 중인 생성형 AI

기존 데이터를 활용해 새로운 데이터를 예측하는 생성형 AI는 창작은 물론 과학과 의료 현장에서도 활약의 영역을 넓혀가고 있습니다. 앞 장에서 소개했던, 단백질 구조를 예측하는 '알파폴드'나 스탠퍼드대학교에서 개발한 의료용 AI인 '첵스에이전트(CheXagent)'가 바로 그런 능력을 보여주는 AI들인데요. 첵스에이전트는 환자의 엑스레이 영상을 기반으로 스스로 병의 증상을 판단하고 판독문을 작성하는 AI입니다. 또 증상을 진단해 글로만 작성하는 것이 아니라 스스로 찾아낸 이상이 있는 부분을 사진에 표시까지 해줍니다.

환자의 병증을 어떻게 찾아냈는지 AI가 스스로 표시해 설명까지 해준다는 것은, 앞에서 이야기한 '설명 가능한 AI'가 떠오르는 기능이지요. AI가 판단을 내린 과정을 알 수 있게 된다면 사용자 입장에서는 'AI를 어떻게 믿을 수 있느냐'라는 의심이 크게 줄어들고, 이는 신뢰도 높은 결과가 필요한 의료 분야에서 더 크게 활용될 수 있을 것입니다.

하버드 의과대학교 병원인 매사추세츠종합병원과 서울대학교

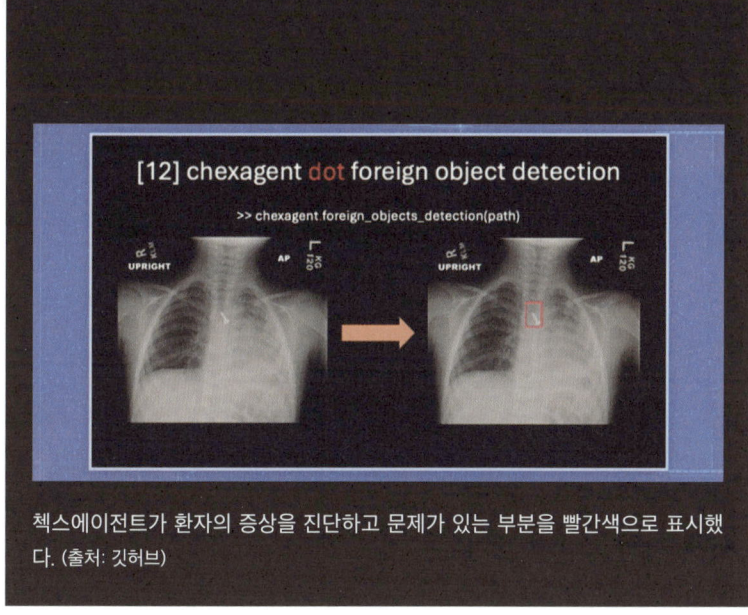

쳇스에이전트가 환자의 증상을 진단하고 문제가 있는 부분을 빨간색으로 표시했다. (출처: 깃허브)

첨단융합학부 김경수 교수팀은 유방암 진단을 위해 유방 촬영 영상 (Mammography)으로 AI를 학습시키는 연구를 진행했습니다. 영상에서 이상이 있는 조직에는 전문가도 매우 판별하기 힘들지만 장차 암으로 진행될 수 있는 미세한 하얀 점들이 보이는데, 이 점들을 판별하기 위한 학습이었습니다. 그렇다면 상식적으로 이상이 있는 조직 영상을 AI 에게 많이 제공해 학습시켜야겠죠? 그러나 이 연구에서는 발상을 바꾸어, 이상이 있는 조직이 아니라 정상 조직을 촬영한 영상만을 데이터로 제공했습니다. 그러자 놀랍게도 건강한 사람의 데이터만을 학습한 AI가 이를 바탕으로 그와 다른 데이터, 즉 이상이 있는 사람의 데이터를 판별해냈습니다.●

이처럼 AI 기술의 비약적인 발전 뒤에는 우리가 표면적으로 느끼지 못했던 수학과 같은 기초과학의 힘이 숨어 있습니다. 과거에는 복잡한 수학 이론들이 통신 시스템 등과 같은 특정 기술에 국한되어 활용되었다면, 이제는 AI라는 다리를 통해서 수학적 개념의 활용도가 크게 높아졌습니다. 수학이 전 세계 모든 사람의 삶에 즉각적인 효용을 주는 시대가 열린 것입니다.

최근 등장한 '딥시크(DeepSeek)'와 같은 '저비용, 고효율'의 경량화된 AI 모델들의 배경에도 이러한 수학적 원리가 자리 잡고 있습니다. 수학의 논리적 추론을 활용한 것인데요. 딥시크는 강화 학습을 통해 자가 학습(self-improving)으로 논리적 추론을 할 수 있게 되었습니다. 이 학습의 메커니즘은 AI가 답변을 내놓을 때 그 이유를 함께 제시하도록 하고, 답변과 이유 사이의 일관성이 높으면 높은 점수를 주는 보상 시스템을 통해 스스로 학습하게 만드는 것입니다. 이는 AI가 단순히 정답을 외우는 것이 아니라, 추론 과정을 단계별로 나누고 논리적인 맥락을 스스로 정교화할 수 있게 만든 것입니다.[**]

이제 AI는 더 나아가 물리학의 법칙을 배우기 시작했습니다. 물리학의 확산 현상에서 영감을 받은 확산 기반(diffusion-based) AI 모델들이 등장한 것입니다. 기존 AI가 무작위 노이즈에서 한번에 이미지를 만들어냈다면, 확산 기반 모델의 이미지 생성 과정은 마치 찰흙 덩어리를 정성스럽게 빚어 도자기를 만드는 과정과 유사합니다. 구체적 형태가 없는 찰흙에 손으로 누르고 펴는 등 물리적인 개입을 가해

● '인공지능 기반 자동 바이오마커 탐지 기술 개발' 북미영상의학회(RSNA), 2024. 12. 5., https://snuti. snu.ac.kr/category/board-215-gn-y4hutp8u-20240523112917/.

● ● '사람 도움 없이 추론한 中 AI '딥시크'의 비밀 첫 공개', 동아사이언스, 2025. 9. 19., https:// m.dongascience.com/news.php?idx=74097.

도자기 모양으로 만들어가듯이, 백색 잡음(White Noise)에서 잡음을 조금씩 제거해 나갑니다. 이 과정을 반복하며 백색 잡음 속에서 구체적인 형상을 빚어냅니다. 단순히 잡음을 없애는 것이 아니라, 시스템 내부에서 물리적 개념을 활용하여 제거와 생성을 동시에 하면서 나타낼 대상을 구체화하는 것이 이 기술의 핵심입니다.

AI가 시간을 배운다면?
과정을 설명할 수 있게 된 AI

이 확산이라는 현상은 열역학의 엔트로피 법칙과 닿아 있습니다. 엔트로피 법칙은 '자연은 시간이 지날수록 보다 무질서해지는 방향으로 나아간다'는 내용입니다. 향수를 뿌리면 그 입자들이 점차 방 안으로 퍼지듯이 자연의 열, 에너지, 입자 등은 어딘가에 몰려 있는 상태(엔트로피가 낮은 상태)보다는 퍼져 있는 상태(엔트로피가 높은 상태)로 나아가려는 성질이 있다는 것입니다. 엔트로피는 시간과도 밀접한 연관이 있는데, 엔트로피의 증가가 시간의 흐름을 가리키는 이정표 역할을 하기 때문입니다. 방 안에 퍼진 향수 입자가 도로 향수병 속에 모일 수 없듯이, 시간도 과거에서 미래로 한 방향으로만 흐릅니다.

AI는 이 엔트로피 법칙을 응용해서 원본 데이터를 변화시키고, 변화시킨 데이터를 다시 처음의 상태로 되돌리는 방식으로 학습을 할 수 있습니다. 엔트로피가 높아지는 순방향 과정(forward process)과 엔트로피가 낮아지는 역방향 과정(reverse process)을 함께 활용해 추론하면서 새로운 무언가를 생성하게 되는 것이죠.

이 두 단계의 과정은 이렇게 이루어집니다. 먼저 순방향 과정에서는 데이터에 무작위로 잡음을 더해 백색 잡음의 상태로 만듭니다. 그리고 역방향 과정에서는 추가된 노이즈를 제거하는 방법을 학습합니다. 이 학습을 거치고 나면 AI는 무의미한 백색 잡음에서 단계적으로 잡음을 제거하면서 원하는 새로운 데이터를 생성할 수 있게 됩니다. 시간을 거꾸로 돌리는 듯한 이 학습 과정은 마치 AI가 엔트로피 법칙을 통해 시간의 흐름을 이해하고 있는 과정 같습니다.

이런 학습을 통해 생성을 하게 되면 작업의 '중간 과정'도 알 수 있게 됩니다. AI가 이미지를 한번에 생성하는 것이 아니라 중간 생성 과정을 '물리 지식'을 통해 추론하면서 단계적으로 생성하기 때문입니다. 중간 과정이 있다는 것은 다양한 생성 경로가 생긴다는 의미이기도 합니다. 산 정상에 올라가려고 할 때 하나의 길만 있는 것이 아니라 길거나 짧거나 힘들거나 수월한 여러 형태의 길이 있다면, 오르려는 사람은 목적에 따라서 길을 선택할 수 있습니다. 가령 이미지 생성을 하는데 일단 생성된 이미지에서 배경을 바꾸지 않으면서 인물의 모습만 바꿀 수 있게 한다거나, 글자를 화면 어딘가에 추가한다든가 하는 작업이 가능해지는 것과 같습니다.

확산 기반 모델에서는 텍스트를 생성할 때도 이미지 생성과 비슷한 과정을 거치게 됩니다. 기존에 단어 하나하나를 순차적으로 생성하는 오토그래시브(Autoregressive, 출력 결과를 입력으로 받아 다음 출력을 예측 생성하는 모델) 방식을 썼던 모델에서는 어떤 단어가 나왔을 때 그것을 수정하는 것은 기본적으로 고려를 하지 않습니다. 이 방식에서는 문장을 수정하는 데 시간이 너무 오래 걸리기 때문입니다. 하지만 확산

9장. 생성형 AI의 무한한 가능성을 찾아서

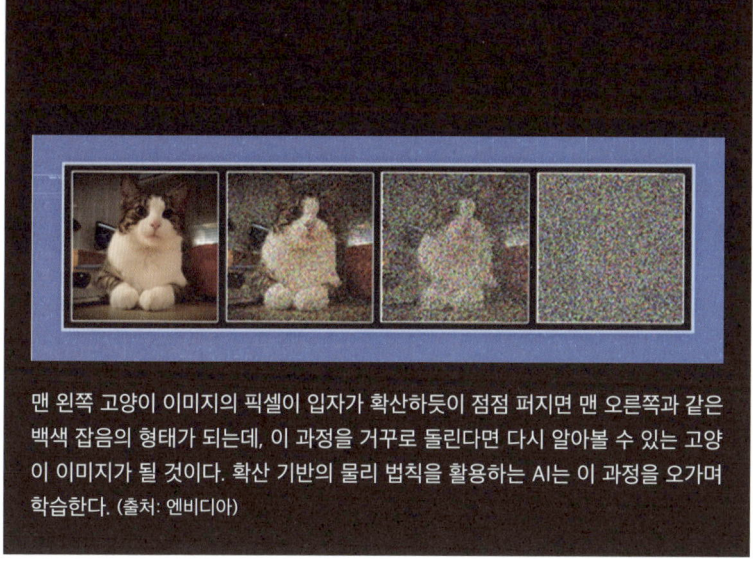

맨 왼쪽 고양이 이미지의 픽셀이 입자가 확산하듯이 점점 퍼지면 맨 오른쪽과 같은 백색 잡음의 형태가 되는데, 이 과정을 거꾸로 돌린다면 다시 알아볼 수 있는 고양이 이미지가 될 것이다. 확산 기반의 물리 법칙을 활용하는 AI는 이 과정을 오가며 학습한다. (출처: 엔비디아)

기반의 모델은 순서대로 단어를 생성하지 않고 우선 초안으로 한번에 모든 문장을 생성한 후, 각 부분을 조금씩 수정해나갈 수 있습니다. 이렇게 되면 완성도를 높일 수 있는 시간이 확보됩니다. 글 전체를 이미지 하나처럼 인지해서, 우선 글 전체를 생성한 후 백색 잡음에서 불필요한 잡음을 하나하나 제거하듯 내용을 바꾸거나 오류를 바로잡을 수 있는 것입니다. 마치 시험 문제 전체를 빠르게 푼 학생이 남은 시간에 조금 애매했던 부분으로 돌아가 검토하는 것과 같습니다. 이 학생의 시험 성적은 이런 방법을 쓰지 않았을 때보다 당연히 더 좋아지겠죠.

이런 식으로 물리 지식을 통해 방향성과 과정을 이해한다는 것은 곧 '시간'을 이해한다는 것과 같습니다. 시간을 이해한 생성형 AI는 정적인 이미지와는 달리 시간이라는 축이 추가된 데이터인 동영상 분야에서도 앞으로 상당한 '생성의 진화'를 이루어낼 것이라고 전문가들은 내다보고 있습니다.

생성형 AI의 발전으로
무엇이 달라질까?

물리학을 배운 생성형 AI는 시간의 흐름과 세계의 질서를 이해하기 시작했습니다. 더 효율적인 방식으로 스스로 학습을 할 수 있게 된 AI는 더욱 다양하고 많은 데이터를 활용해 기능을 발전시켜나갈 것입니다. 사람이 일일이 학습용 데이터로 학습시키는 경우는 더욱 줄어들고, 대량의 데이터에서 인간 개입 없이 특정 부분을 임의로 가리고 맞추도록 학습하는 '무감독 학습'이 생성형 AI 학습의 대세입니다. 무감독 학습을 하는 AI는 라벨 처리가 되어 있지 않은 데이터 자체에서 규칙을 만들어 학습하기 때문에 무엇보다도 데이터의 양이 많을수록 학습에 유리합니다. 이런 면을 본다면 접근할 수 있는 데이터의 양이 적은 분야에서는 AI 발전도 더딜 것이라고 예측해볼 수 있겠습니다.

거기에 더해 방대한 양의 데이터 자체에 있는 오류가 생성형 AI에 할루시네이션을 일으킬 수 있다는 사실은 여전한 숙제입니다. 하지만 앞서 첵스에이전트의 작동 방식에서 볼 수 있었듯 이제 AI는 단순한 이미지 인식을 넘어 이미지 속 맥락과 관계까지 파악하는 '비주얼 리즈닝'의 과정을 시각화해서 보여줄 수 있는 단계까지 도달했습니다. 진단 결과를 출력하는 것을 넘어 결과 해석이 가능한 시각화 도구까지 제공하는 '설명 가능한 AI'로 발전한 것이죠. 이런 기능은 아직 완전히 없앨 수 없는 할루시네이션을 사람이 검수하며 보정하는 데 큰 도움이 됩니다.

AI 할루시네이션을 관리하고 효과적으로 줄여나가는 것은 무엇

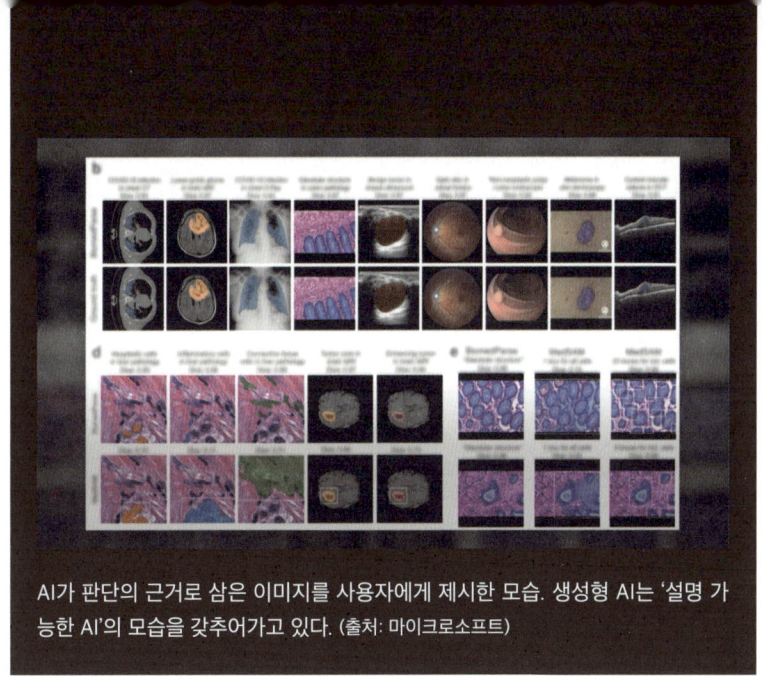

AI가 판단의 근거로 삼은 이미지를 사용자에게 제시한 모습. 생성형 AI는 '설명 가능한 AI'의 모습을 갖추어가고 있다. (출처: 마이크로소프트)

보다도 의료 현장에 혁신을 불러올 것으로 보입니다. 사소한 오판만으로도 환자의 건강이나 생명이 크게 좌우될 수 있는 의료 현장에서는 환각이나 오류가 없는 것이 무엇보다 중요합니다. 근거를 제시할 수 있는 AI는 의료 현장의 신뢰성을 얻어 활약할 기회를 얻을 수 있을 것입니다. 마이크로소프트에서 조사한 바로는 21명의 전문의보다 생성형 AI가 4배 이상 높은 통합 진단 성능을 낼 수 있었다고 합니다.[•] 하나의 종합적인 진단을 하기 위해서 다양한 분야의 전문가들이 자기 분야와 관련된 의견을 제시하고 서로 소통해서 결론을 내려야 한다는

• The Path to Medical Superintelligence, Microsoft AI, 2025. 6. 30., https://microsoft.ai/news/the-path-to-medical-superintelligence/.

점에서 본다면, AI 에이전트를 활용해 비슷한 과정을 만들 수 있을 것입니다. 외과, 내과, 정신과 등등 여러 가지 분야를 담당하는 AI 에이전트가 서로 소통해 종합적인 진단을 내리는 일도 가능할 것입니다. 또 이 과정을 인간 의료진들이 검토하며 의견을 모은다면 더욱 효율적이고 신뢰성 높은 결과를 얻을 수 있을 것이고, 제약회사나 의료기기 회사의 AI 에이전트도 이와 같은 방식으로 활용할 수 있을 것입니다. 실제로 스탠퍼드대학교 연구팀이 〈네이처〉에 발표한 연구에 따르면 AI를 활용해 코로나바이러스를 해결할 수 있는 신약을 발견하기도 했다고 합니다. 이처럼 생성형 AI가 의료 분야에 불러올 수 있는 혁신은 무궁무진합니다.°

생성형 AI는 우리의 평범한 일상생활에 또 어떤 혁신을 불러오게 될까요? 우리가 일상적으로 쓰고 있는 검색, 메신저, 문서 작업 도구와 같은 애플리케이션들에도 생성형 AI의 영향으로 많은 변화가 있을 것입니다. 멀티모달이 검색에 활용되면 더욱 빠르고 효율적인 검색이 가능해집니다. 가령 어떤 논문의 내용이나 단어는 하나도 기억이 안 나지만, 그 논문에 실린 그림에 대한 어렴풋한 인상을 설명하는 것만으로도, 혹은 직접 한 간단한 스케치만으로도 그 논문을 찾을 수 있게 됩니다. 문서 도구도 기존처럼 사람이 직접 타이핑을 해 글을 쓰는 것이 아니라, 주제부터 AI에게 주고 바로 초안을 작성하게 한 후, 나온 초안을 보고 AI와 대화하면서 조금씩 고쳐나가는 형태의 애플리케이

● 'The Virtual Lab of AI agents designs new SARS-CoV-2 nanobodies', Nature, 2025, https://www.nature.com/articles/s41586-025-09442-9.

9장. 생성형 AI의 무한한 가능성을 찾아서

션이 보편화될 수 있습니다.

그리고 무엇보다도 생성형 AI의 본질적인 형태 자체가 많이 달라질 것이라고 전문가들은 예측합니다. 지금 우리는 회사가 제공하는 AI 서비스를 사용하기 위해 회사의 빅데이터 센터와 연결된 AI 서버에 인터넷으로 접속하고, 결과물을 전송받습니다. 하지만 미래에는 더 적은 데이터와 규모가 작은 서버로도 훌륭하게 작동하는 AI 모델들이 등장하고, 인터넷이 연결되지 않은 환경에서도 쓸 수 있는 소규모 AI 머신, 즉 '온디바이스 AI'의 시대가 올 것이라고 합니다. 이런 환경에서는 AI 사용이 더 간편할 뿐만 아니라 내가 입력하는 정보들이 온라인을 통해 어딘가로 전송되지 않으므로 데이터의 보안도 더 강화된다는 장점이 있습니다. 남에게 공개하기 어려운 문제를 오프라인인 내 노트북이나 스마트폰의 AI와 안전하게 상의하고, 스마트 안경에 내장된 AI 통역 기능으로 어디서나 외국인과 빠르고 쉽게 대화를 나눌 수 있게 되는 겁니다. 여기에 더해 AI의 경량화는 고성능 AI에 사용되는 어마어마한 전력이나 하드웨어 같은 자원을 절약하는 길이기도 하니 사람만이 아닌 지구를 위해서도 더욱 연구되고 발전되기를 기대해 봐야겠습니다.

엔비디아 CEO인 젠슨 황은 인터뷰에서 "만약 내가 스무 살로 돌아간다면 소프트웨어보다 물상과학(physical sciences)에 집중했을 것이다"라고 말했다고 합니다. 물상과학은 수리과학, 물리학, 화학, 지구과학 등 등 생명과학(life science)과 달리 비생물학적 시스템을 연구하는 광범위한 학문 분야를 가리킵니다. 지금 놀라운 능력을 보여주고 있는 AI들의 설계와 작동에는 이 물상과학에 해당하는 이론과 기법들이 많은 기여를 했고, AI는 기초학문과 응용학문 그리고 실생활이 서로 연결되게 해주는 다리 역할을 하고 있습니다. 첨단 기술을 빠르게 접하는 것도 좋지만, 그 기술을 가능하게 했던 수학과 같은 기초과학에도 관심을 기울인다면 AI의 시대를 더 흥미롭고 통찰력 있게, 더 효율적으로 살아가는 자양분을 얻을 수 있을 것입니다.

AI와
인간의
미래

4부

일하지 않아도 되는 시대, AI와 노동의 종말

AI가 일을 대신한다면, 우리는 무엇을 하며 살아야 할까요? 그리고 인간과 사회는 무엇을 준비해야 할까요? AI 시대, 인간은 정말 '노동의 종말'을 맞게 되는 걸까요? AI가 지식 노동까지 대신하는 시대 속에서 일, 노동, 직업의 의미를 다시 생각해봅시다.

노동의 종말일까, 노동의 해방일까

처음으로 증기기관이 등장했을 때, 그리고 처음으로 전기가 세상을 밝혔을 때, 세상 사람들은 우리가 AI를 처음 접했을 때만큼이나 큰 변화를 느꼈을 것입니다. 문명의 역사를 되짚어보면, 토머스 쿤이 '와해적 기술'이라고 불렀던 고도로 혁신적인 기술의 등장은 단순히 기술 발전의 차원에 머물지 않고 그때까지 인간이 세상을 바라보던 눈을 바꿔놓곤 했습니다. AI도 처음 발명된 후 지금까지 몇 번의 기술적인 돌파구를 거치며 진화해왔습니다. 머신러닝, 딥러닝, 파운데이션 모델, LLM을 거쳐 이제는 우리가 흔히 쓰게 된 생성형 AI까지, 기술적인 혁신을 거듭해온 것이죠. 그런 과정들을 통과해 AI는 단순히 인간의 어떤 일을 대신해주는 기술을 뛰어넘어, 사회 운영 방식을 바꾸고 인간 존재와 삶의 방식을 되돌아보게 하는 존재로 거듭나고 있습니다.

요즘 AI는 인간의 직업과 노동을 다시 통찰하게 만들고 있습니다. 현대사회에서 먹고살려면 누구든 돈이 필요하기에, 대부분의 사람들이 돈을 벌기 위해 노동을 하며 살아갑니다. 나의 노동을 재화와 바꾸는 일은 물론 고되지만, 내 능력을 발휘할 수 있는 일자리를 얻는다는 것은 자아를 실현시키는 삶의 핵심적인 과정이기도 합니다. 이처럼 일자리란 중요한 것이기에 AI가 바꾸고 있는 이 세상에서 '일자리의 미래'는 누구에게나 가장 큰 관심사일 것입니다. AI의 발달 속도가 정말 빠르다는 것을 이제는 누구나 실감합니다. 이런 속도라면 인간이 살아가기 위해 해야만 했던 노동을 AI가 모두 넘겨받을 날이 곧 우리 눈앞에 닥쳐올 것 같습니다.

새로운 기술이 이전의 직업과 노동을 대체하게 된 일은 역사 속에서 흔히 있어왔습니다. 자동차가 발명되고 상용화되자, 말이 끄는 마차는 곧 대표적인 교통수단의 지위를 자동차에게 넘겨주어야 했습니다. 그와 동시에 마차를 운행하는 마부라는 직업은 물론 마차와 관련된 운송 산업 역시 쇠퇴의 길로 접어들 수밖에 없었죠. 반면 자동차 제조업과 차량 운송업이라는 직업 분야가 새로 창출되고, 관련된 일

자동차의 등장으로 마부라는 직업이 사라졌듯이, AI의 등장으로 생계에 대한 개념도 한 사람의 직업 종사 기간도 필연적인 변화를 맞게 되었다. (출처: envato)

자리도 많이 생겨났습니다. 새로운 기술의 등장으로 일자리에 변화가 생기는 것에 대해 대중의 불안과 두려움은 늘 있었지만, 과거에는 변화에 적응할 시간이 있었습니다. 변화가 천천히 이루어지는 동안, 사라지는 직업 대신 새로운 직업에 종사할 수 있도록 교육과 훈련을 받을 수도 있었고 이를 통해 새로운 일자리로 이동이 가능했습니다. 하지만 AI로 인한 지금의 사회 변화 속도는 과거와는 차원이 다릅니다. AI 혁신은 자고 일어나면 새로운 기술, 모델, 서비스가 등장할 만큼 그 속도가 예측 불가능할 정도로 빠릅니다.

과거에는 주로 농업에서 제조업으로, 또 제조업에서 서비스업으로 일자리의 전환이 일어났고 그 전환이 주로 육체 노동이나 반복 노동을 자동화시키는 것이었다면, 지금의 전환은 지식 노동까지도 자동화시키는 형태로 이루어지고 있습니다. 사무 업무나 고객 응대, 마케팅 같은 분야는 물론 의료, 법률, 금융, 예술 등 전문직까지도 구조의 개편을 마주하고 있는 것입니다. 많은 지식과 경험, 자격이 필요한 직업군도 그 직업적 정보들을 대량으로 빠르게 활용할 수 있는 AI로 대체되는 것으로부터 자유롭지 못하게 되었습니다. 비록 AI가 고숙련 전문직을 완전히 대체하지는 못한다 하더라도, 그간 이 전문직들의 직업적인 가치를 하락시킬 것만큼은 분명합니다. 그 과정에서 전문직 종사자들도 AI를 활용해 부수적인 업무는 AI에게 맡기고 자신은 좀더 직업의 본질적이고 의미 있는 부분에 집중해서 새로운 역량을 증강시킬 수 있는 사람이 경쟁력 있는 인재로 남을 것입니다. 즉 일자리가 대체되는 것 자체보다는 앞으로 어떤 마음가짐으로 어떤 일을 할지, 또 AI를 활용해 어떤 새로운 가치를 창출할 수 있을지에 대해 고민하게 될 것입니다.

미국의 경제학자 제러미 리프킨은 약 30년 전인 1995년에 《노동의 종말》이라는 책을 출간해 기술의 진보는 실업을 유발할 것이라고 내다보았습니다. 결국 사람이 하던 거의 모든 일을 AI가 대체하게 된다면 '노동의 종말'이라 할 만한 사태가 일어나 전 인류가 실업, 저성장, 불평등 등의 문제에 직면하지 않을까 걱정하는 사람도 많습니다. 리프킨 말고도 많은 미래학자들이 기술의 발전으로 인간이 노동에서 벗어나 더 많은 여가를 누리는 유토피아가 올 수도, 실업과 저임금이 만연한 디스토피아가 올 수도 있음을 지적해왔습니다.

현대인들은 돈을 벌기 위해 "일자리를 달라"라고 스스로 외쳐야 하는 시대를 살고 있지만, 고대에는 노동에 대한 시각이 사뭇 달랐습니다. 살기 위해 해야 하는 여러 가지 노동을 매우 부자유스럽고 비인간적인 활동으로 본 것이지요. 그리스와 로마 시대에는 지식 노동까지도 비슷한 취급을 받았습니다. 짐승이 먹이를 얻기 위해 힘들여 사냥을 해야만 하는 것과 노동 자체를 동일시했다고 할까요. 그런 사실들로부터 알 수 있는 점은, 앞으로 다가올 노동의 종말을 '비극'으로 볼 것인지 아니면 노동으로부터의 '해방'으로 볼 것인지는 우리가 노동을 어떻게 정의하느냐에 달려 있다는 것입니다.

과학혁명의 구조와 AI

미국의 과학사학자이자 과학철학자인 토머스 쿤이 1962년 발표한 《과학혁명의 구조》에 따르면, 과학혁명은 한 시대의 과학자들이 공유하는 이론, 문제 해결 방식, 체계, 가치관 등이 모인 인식의 틀인 '패러다임'이 붕괴하고 새로운 패러다임으로 대체되면서 과학이 비약적으로 발전하는 과정입니다. 과학혁명은 전과학→정상과학→위기→혁명(패러다임의 교체)→새로운 정상과학의 주기로 이루어집니다. 천동설이 지동설로 대체되거나 뉴턴 역학이 상대성 이론으로 대체된 과정 등이 대표적인 과학혁명이라고 할 수 있습니다. 쿤은 과학혁명이 점진적인 누적을 통해 일어나는 것이 아니라, 기존의 질서를 무너뜨리는 '와해적 기술(Disruptive Technology)'에 의한 '기술적 돌파구(Technological Breakthrough)'에서 비롯된다고 설명했습니다. 오늘날 AI의 등장이 바로 이 '기술적 돌파구'에 해당합니다.

AI 시대에
인간에게 필요한 일곱 가지 역량

미래학자들은 현재 AI가 빚어내는 변화가 임계점을 넘어서 앞으로 어떤 일이 일어날지 예측이 불가능해지는, 거의 기후변화와 비슷한 수준에 접어들었다고 합니다. 한때는 AI 혁명 이후를 살아가려면 정보화 사회의 핵심 기술인 프로그래밍을 잘 알아야 한다는 취지로 코딩 교육 열풍이 일기도 했습니다. 하지만 AI가 이만큼 발전하자 코딩조차도 배울 필요가 없어지고 있습니다. AI에게 자연어로 문제를 설명하면 AI가 코드를 생성하는 새로운 프로그래밍 방식인 바이브 코딩 (Vibe Coding)이 빠르게 발달하고 있기 때문이죠.

이처럼 빠른 변화 속에서 AI가 인간 노동의 많은 부분을 바꿔놓을 수밖에 없다면, 사회 구조적인 차원에서 여러 가지 대책이 필요합니다. 단순히 앞으로 새로 생길 일자리를 예측하는 수준에서 나아가, 새 기술이 업무를 완전히 대체하는 것이 아니라 기존의 업무를 해체하고 재구성해 직무를 재정의한다는 관점으로 '기계와의 협업'을 다루어야 하는 것입니다. AI나 휴머노이드 등 새로운 기계와 협업해 생산성과 효율성을 향상시킬 수 있는 업무 구조를 만드는 한편 국가나 기업에서 직무를 재정의하고 전환할 수 있도록 교육 및 훈련 프로그램을 지원할 필요가 있습니다. 물론 개인도 계속 발달하는 기술을 고려해 새로운 지식과 역량을 습득해야 할 테고요.

그렇다면 앞으로도 '와해적 기술'이 쏟아질 미래 사회에서 개인이 생존하기 위해서는 어떤 역량을 갖춰야 할까요? 전문가들이 말하는 AI 시대에 개인이 갖춰야 할 일곱 가지의 역량을 소개합니다. 첫 번째 역량은 '기술 문해력'입니다. 단순히 AI를 사용할 줄만 아는 것을 넘어, 이 기술이 사회에 끼칠 영향을 알고 그와 관련해 사용자로서 책임질 수 있는 자세 등을 포괄하는 개념입니다. 그다음으로 필요한 역량은 '적응력'입니다. 변화에 유연하게 적응하면서 직무 등을 신속히 전환할 수 있어야 하고, 새로운 기술과 지식을 끊임없이 학습할 수 있는 역량입니다. 세 번째 역량은 기민한 회복 탄력성입니다. 불확실성 속에서 위기나 충격을 만났을 때 그것을 기회로 전환하며 빠르게 회복하며 민첩하게 대응하는 역량을 의미합니다. 네 번째는 창의력, 구체적으로는 '창의적 기획력'입니다. 모든 학생들이 똑같은 챗GPT 딥리서치를 활용해서 리포트를 작성해오지만, 어떻게 활용하느냐에 따라 결과물의 편차는 매우 큽니다. 질문 몇 개만 던지고 AI가 출력해준 결과물을 그대로 가져오는 학생과 AI와 잘 대화하면서 새로운 아이디어를 얻고 그를 통해 참신하고 수준 높은 결과물을 가져온 학생의 차이는 바로 창의적 기획력에 있습니다.

다섯 번째는 '감성 지능'입니다. 공감력, 윤리적인 가치 판단을 하는 능력, 협동하는 능력 등 기계가 모방하기 어려운 인간성에서 나오는 역량이라고도 할 수 있습니다. AI가 작업을 아무리 훌륭하게 한다 하더라도 어떤 일을 함에 있어 방향을 정하고 의미를 부여하고 가치 판단을 하는 것은 결국 사람입니다. 기술 과학도 중요하지만, 철학, 문학, 윤리학, 법학, 심리학 등 인간의 본성을 탐구하는 인문학적 역량이 앞으로 더 주목받을 것입니다. 여섯 번째는 '유희 역량'으로, 상상력을 동원해 놀이를 하면서 즐기고, 놀이를 통해 경쟁과 협업의 균형

AI 시대 개인에게 필요한 역량 일곱 가지

역량 키워드	세부 내용
기술 문해력	AI를 사용하는 기술을 아는 것을 넘어, 이 기술이 사회에 미치는 영향을 알고 그에 따른 책임감을 가지는 것.
적응력	변화에 유연하게 대응하고, 새로운 지식을 끊임없이 학습하며 신속하게 직무를 전환할 수 있는 힘.
기민한 회복 탄력성	위기를 기회로 전환하며 민첩하게 대응하는 역량.
창의적 기획력	새롭고 참신한 아이디어를 도출하고 구성하는 데 AI를 효율적으로 활용할 수 있는 기획 능력.
감성 지능	공감, 윤리적 판단, 가치 부여를 할 수 있는 능력으로 철학, 문학, 심리학 등과 연관되는 인문학적 역량.
유희 역량	상상력과 창의성을 동원해 놀이를 즐기며 그 과정에서 가치를 찾아내는 능력.
나다움	과거의 경험과 미래의 꿈이 만들어내는 개인의 고유한 서사.

을 유지해서 놀이의 의미 자체를 확장시킬 수 있는 능력입니다. 세계경제포럼(World Economic Forum)에서도 혁신과 적응에 필요한 핵심 기술을 함양하는 데 있어 놀이의 중요성을 강조했습니다. 노동의 의미가 지금과는 달라질 미래 사회에서는 '일하는 것'이 아니라 '노는 것'이 더 중요해질 것이라고도 볼 수 있습니다. 마지막 역량이자 가치는 '나다움'입니다. '인간다움'이 무엇인지를 계속 묻게 될 미래에 특히 의미가 커질 역량인데요. 나다움이란 개인의 선택과 과거의 경험, 미래에 대한 꿈이 엮여 직조해낸 일종의 서사(story)라고 할 수 있습니다. 같은 문화권과 시간대에 살더라도 각자 살아온 삶의 궤적이 다르기에 모든

사람은 자기 나름의 서사를 지니게 됩니다. 이 자기만의 서사를 주체적으로 써나갈 수 있는 역량이야말로 결코 AI가 모방할 수 없는 인간 고유의 능력이라 할 수 있을 것입니다.

AI가 대체할 수 없는
인간만의 일이란?

'나다움'이라는 가치는 특히 인간이란 무엇인지를 생각하게 합니다. AI 시대의 도래가 기술적 진보를 넘어선 문명사적 대전환인 이유는 이처럼 인간으로 하여금 노동이란 무엇인지, 인간다움이란 무엇인지를 통찰하게 만들기 때문입니다. 기계가 인간이 하는 일들을 똑같이 할 수 있다면, 과연 인간에게는 어떤 가치가 있는 걸까요? 기계와 인간을 구분지을 수 있게 해주는 인간다움이란 무엇일까요? 그 질문 아래서 인간을 어떻게 다시 정의할지, 노동을 어떻게 바라볼 것인지, 그리고 이 사회를 어떤 방식으로 조직할지 같은 문제들이 구체화됩니다.

인간이 어떤 존재인지를 정의하는 말은 많습니다. 흔히 '호모 사피엔스-지혜로운 인간', '호모 파베르-도구를 사용하는 인간'이라는 정의로 동물과 구분되는 인간의 본질을 설명했죠. 하지만 AI도 지혜롭고 도구를 사용할 수 있게 된 지금, AI와 인간을 구분하는 인간의 본성에는 어떤 것이 있을까요. 이 질문에 답하듯이 '호모 루덴스'라는 정의가 새롭게 조명받고 있습니다. '놀이하는 인간', 즉 유희를 통해 쾌락을 즐기며 재미를 추구하는 것이 인간의 중요한 본성이라는 것입니다. 네덜란드의 역사학자이자 철학자인 요한 하위징아는 1938년에

《호모 루덴스》라는 책을 펴내 문화 현상의 기원이 '놀이'라는 시각에서 인류의 문화를 고찰했습니다. 그에 따르면 인간의 가장 본질적인 특성은 생각하는 것도 도구를 만들어서 활용하는 것도 아닙니다. 인간의 본질은 바로 노는 것, 유희를 추구함에 있다는 것입니다. 또 놀이는 단순히 여가나 오락에 그치는 것이 아니라 창조의 원동력이 되는 활동이라고 보았습니다. AI가 지금보다 더 발전한다 하더라도 인간처럼 목적 없이 오로지 즐기기 위한 놀이를 하면서 재미와 쾌락을 느끼고, 그를 통해 자유롭게 창의성을 발휘할지는 미지수입니다. 지금으로서는 놀이를 즐길 줄 아는 것이 AI와 구별되는 인간다움이라고 보아도 될 것 같습니다.

그런 통찰을 바탕으로 바라보면, 놀이 및 창의성과 관련된 분야는 AI에게 완전히 대체되지 않을 것이라는 예측을 해볼 수 있습니다. 예를 들어 창의성과 직결되는 예술 분야는 AI가 대체할 수 있게 될까요? '창작'과 '예술'이 어떤 차이가 있는지를 구분해서 생각해보면, AI가 예술 분야를 대체하기는 쉽지 않아 보입니다. AI는 화풍이나 문체 같은 인간의 예술적 기술을 모사하고 그럴듯한 결과물을 만들어내는 '창작'을 할 수는 있지만, 그 창작을 '예술'로 만드는 본질은 기술적 재현이 아닌 인간의 희로애락과 삶의 맥락에 있기 때문입니다. 우리는 에드바르 뭉크의 〈절규〉나 프리다 칼로의 〈자화상〉을 그저 한 장의 그림으로 보는 것이 아니라 뭉크가 만난 좌절이라는 감정, 칼로가 겪었던 고통의 서사로 받아들입니다. 작품을 통해서 그 예술가만의 삶, 감정, 관계까지 들여다보는 것이죠. 아직까지 AI에게는 이런 고유한 '서사'가 없기에 인간의 예술을 완전히 대체하기는 어려울 것입니다.

10장. 일하지 않아도 되는 시대, AI와 노동의 종말

AI와의 소통은 정서적 지원이 필요한 사람들에게 도움을 주지만, AI와의 소통에만 의존하는 것은 실제 인간과의 소통 능력을 저하시킬 수도 있다. (출처: envato)

　　다음으로 AI가 대체하기 힘든 능력은 '인간적 소통'이 될 것이라고 전문가들은 내다봅니다. 물론 소통 및 정서의 측면에서 AI가 인간에게 큰 도움을 줄 수 있는 것은 사실입니다. 정보와 서비스를 제공하는 것은 물론 최적화된 공감과 위로도 건넬 수 있는 AI에게 감정적인 충족감까지 얻는 사람들이 점점 많아지고 있습니다. 고령자의 경우 AI를 정서적인 안정 및 건강 관리에 활용하고, 청소년들은 지식 습득은 물론 감정 교류의 대상으로 활용합니다. 그런데 사람들이 차츰 AI와의 소통에만 의존하게 된다는 것은 한편으로 문제가 될 수 있습니다. 특히 청소년들이 AI에 정서적인 의존을 하게 되는 경향성은 점점 심화되고 있는데, 실제 사람이 아닌 AI와 주로 감정을 나누다 보면 '감정 편식'에 빠지기 쉽습니다. 사용자에게 공감하고 동조할 수 있는 AI

는 언제든 긍정적인 감정을 즉각 제공합니다. 하지만 성장하는 청소년은 친구와의 갈등, 다양한 사람과의 관계에서 겪는 긴장, 실연의 아픔 등 실제 인간관계 속에서 여러 가지 부정적인 감정 또한 겪어보고 그것을 다루는 경험을 통해 인격을 형성할 필요가 있습니다. 감정 편식 현상이 일반화됨에 따라 어릴 적부터 AI에 정서를 의존한 세대의 경우 자신의 생각과 감정을 통제하고 타인과의 관계를 조율할 수 있는 능력이 이전 세대에 비해 상대적으로 떨어질 수 있습니다. 그렇게 되면 반대로 언어적 · 비언어적 커뮤니케이션을 적절히 활용하며 타인의 감정을 이해하고 공감할 줄 아는 능력, 사람과 사람 사이에 오가는 직접적인 소통을 잘 해내는 능력이 AI가 대체할 수 없는 인간만의 고유한 기술로 부상할 수도 있을 것입니다.

새로운
사회 계약을 향하여

인간이 인간다움을 잃지 않으면서 직업적으로도 AI와 공존할 수 있는 사회가 저절로 오지는 않겠죠. AI 혁명으로 인한 양극화와 실업 문제를 해결하기 위해서는 개인의 노력을 넘어 사회 구조적인 대비가 필수적입니다. 미래 사회에 적합한 인재 역량을 길러내기 위해서, 또 더 밝은 모습의 새로운 사회를 만들기 위해서는 '사회 계약'의 역할이 중요할 것입니다.

어떤 사회 계약들이 논의되고 있을까요? 우선 기본소득은 지금 가장 주목받는 사회 계약입니다. 고용 여부와 상관없이 생계를 보장하는 안전망이라 할 수 있습니다. 앞으로 노동의 해방이 올 것인지 노동의 종말이 올 것인지는 의외로 쉽게 구분할 수 있다고 하죠. "돈을 주면 해방, 돈을 안 주면 종말"이라고 합니다. 일자리가 없어도 생활을 할 수 있는 기본소득을 받을 수 있다면 진정 노동으로부터 자유로워지는 해방의 시대가 올 수도 있지만, 기본소득이 보장되지 않은 채 AI가 사람의 일자리를 빼앗는 형국으로 간다면 그야말로 실업과 빈곤이 만연화된 노동의 종말을 맞을 테니까요. 또 다른 사회 계약 아이디어로는 토큰세(Token Tax)가 제안되었습니다. 미국의 AI 개발업체인 앤트로픽의 CEO 다리오 아모데이가 제시한 개념으로, AI 기업이 문장을 생성할 때 사용하는 단어 단위인 '토큰'에 세금을 부과하는 것입니다. AI가 수익을 내면 거기서 일정 부분을 거둬들여 실직자 재교육과 사회 안전망 확충의 재원으로 활용하자는 취지입니다. AI 개발의 최전선에 있는 기업들은 이런 식으로 사회 계약에 대한 고민과 논의를 막 시작하고 있습니다. 이런 사회 계약을 설계할 때 정부, 기업, 시민이 지속적으로 대화하며 정책을 구체화하는 것이 중요합니다. 단순히 새 일자리를 만드는 것이 목적이 아니라, AI와 공존하며 인간의 존엄성을 지킬 수 있게 해주는 사회 계약을 만들어낼 수 있어야 하니까요.

노동의 미래를 정확하게 예측하는 것은 불가능합니다. 하지만 지금 미래에 대해 어떤 비전을 세우고 어떤 행동을 하느냐에 따라 미래는 달라질 수 있습니다. '일'과 '노동'과 '직업'을 구분해서 살펴본다면 앞으로 노동의 개념을 어떻게 바라보아야 할지에 대한 힌트를 찾을 수 있습니다. 우선 인간 활동의 모든 것은 일이라고 할 수 있습니다. 일은 먹는 것, 노는 것, 자는 것 등등 모든 활동을 가리킵니다. 한편 금

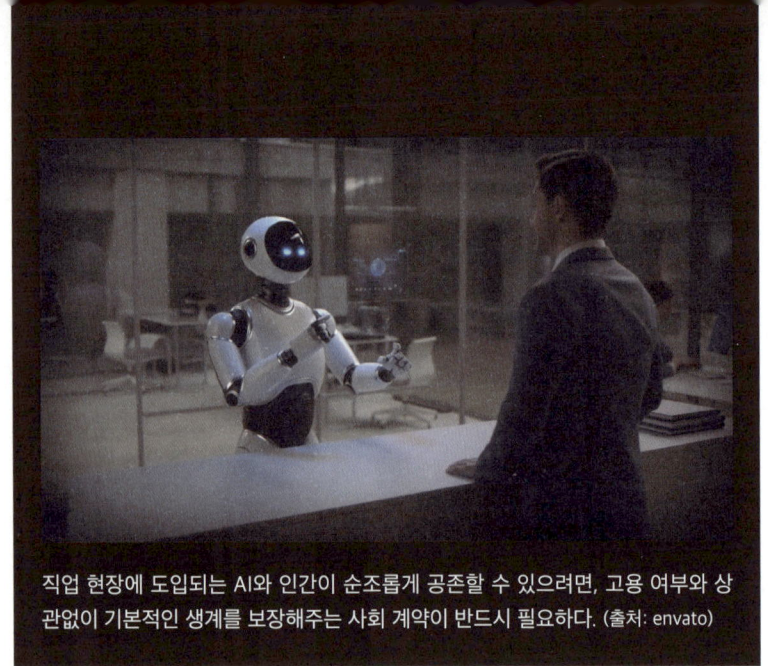

직업 현장에 도입되는 AI와 인간이 순조롭게 공존할 수 있으려면, 고용 여부와 상관없이 기본적인 생계를 보장해주는 사회 계약이 반드시 필요하다. (출처: envato)

전적인 보상을 위해 하거나 생계를 목적으로 하는 것은 노동, 직업이라고 할 수 있습니다. 또 직업은 소득을 얻는 일이기도 하지만 그 사람의 정체성을 나타내는 매우 중요한 수단이기도 합니다. 만약 노동의 해방을 맞아 직업과 소득의 관계가 느슨해진다면, 직업의 형태도 직업을 택하는 방식도 더 유연해지고 확장될 것이라고 상상해볼 수 있습니다. 돌봄, 봉사, 그 밖에 공동체에 기여하는 활동 등 이제까지 많은 소득을 얻는 것과는 거리가 멀다고 여겨졌던 일들이 직업으로서 사회적 가치를 더 인정받을 수도 있을 테고요.

　노동의 전면적인 대전환기를 맞고 있는 시점에 임금 노동의 최전선에 있는 세대는 '앞으로 무엇을 해야 할까'를 깊이 고민할 것입니다. 당장 지금 하는 일을 그만두게 된다면 과연 무엇을 할 수 있을

　　　　　　　　　　　10장. 일하지 않아도 되는 시대, AI와 노동의 종말

까요? 질문을 던지는 과정에서 자기 자신이 가진 재능이 과연 무엇인지에 대한 고민이 필연적으로 따라옵니다. 이제까지는 살아가기 위해 적당한 소득을 보장하는 일자리를 택하고 평생 자신의 진정한 재능이 무엇인지도 모른 채 살다가 세상을 떠나는 사람도 많았습니다. 하지만 지금은 일정한 소득을 보장하는 그 어떤 직업도 AI로 대체될 위기를 마주하고 있는 시대인 만큼, 나의 본성, 즉 '나다움'을 찾을 진정한 기회를 맞았다고 볼 수 있습니다. 내가 할 수 있는 새로운 일을 찾거나 새로운 역량을 기르는 과정을 그동안 미처 알지 못했던 '나다움'을 적극적으로 발굴하는 기회로 삼는다면 더 많은 길이 보일 것입니다. 이제는 재능 및 적성 탐색이 유아기나 청소년기에만 한정되지 않습니다. 40~50대는 물론이고 어쩌면 평생 동안 계속해서 그간 발굴하지 못했던 자신의 재능을 찾아내야 할 것입니다. 그래야 내 삶에 의미를 안겨줄 '일'을 하며 살 수 있습니다. 우리가 노동의 해방을 맞든, 노동의 종말을 맞든 말이죠.

11장 AI 시대, '일잘러'가 되는 방법

AI 시대의 일잘러는 누구일까요? 회의록 요약부터 의료, 마케팅, 개발, 상담 현장까지, 이제 AI가 없는 실무는 상상조차 할 수 없는 시대가 왔습니다. 하지만 모두가 똑같은 도구를 쓸 때, 진짜 격차는 어디서 벌어지는지 생각해야 할 때입니다. "AI가 90점을 만든다면, 당신은 100점을 만드는 사람이 되어야 합니다."라는 말처럼, 단지 기술이 좋다고 일잘러가 되는 시대는 아닙니다. 줄어든 업무 시간만큼 늘어나야 하는 것은 무엇일까요? AI 에이전트 시대를 압도할 나만의 독보적인 무기는 무엇일까요?

AI 실행의 원년,
'일잘러'의 기준은?

"AI 리미트(제한) 걸려서 오늘은 업무 마칩니다." AI 도구로 대부분의 업무를 진행하게 된 직장인들 사이에 도는 우스갯소리라고 하는데요. 사용량 제한이 있는 AI 서비스의 할당 사용량을 다 쓰고 나면 그날의 업무를 진행하지 못할 정도라는 의미입니다. 어느새 AI는 이메일이나 클라우드 서비스 같은 업무의 필수 요소가 되었습니다. 사람들이 생성형 AI를 처음 만난 지 불과 3년 남짓한 시간이 흘렀을 뿐인데도 말이죠.

2022년 11월 30일 챗GPT가 서비스를 시작했지만 대중이 본격적으로 쓰기 시작한 건 2023년부터입니다. 그 당시에도 대체적인 반응은 "와, AI랑 대화가 되네" 하며 신기해하는 정도였습니다. 그러다 2024년으로 접어들자 사람들은 어느 정도 AI와 대화하는 방법이나 일하는 방법들을 익히게 되었고, 그걸 가리켜 '프롬프트 엔지니어링'이라고 회자하기도 했습니다. 해가 갈수록 사람들은 AI한테 조금 더 의지하게 되었고, AI도 어느 정도 진화해 맥락을 알고 조금씩 '알아서' 해주기 시작했습니다. AI 에이전트의 시대가 가까워진 것입니다.

그리고 이어진 2026년은 모든 산업이 AI를 본격적으로 활용하는 'AI 실행'의 원년이 될 것이라고 하죠. 확실히 이제는 '업무에 AI를 쓰느냐 안 쓰느냐'를 따지는 것은 거의 의미가 없어졌습니다. 모든 일에 AI를 쓰는 게 기본이 되고 있기 때문입니다. 실제로 미국의 디지털 마케팅 에이전시 그래파이트(Graphite)에서 생성형 AI가 인터넷에서 얼마나 많은 글을 쓰고 있는지를 조사했는데 2025년 기준으로 온라인 기사의 50%가 AI로 작성되었다고 합니다. 여기에 더해 사람이 쓴 글도 사실 100% 사람 혼자 쓴 것이 아니라 AI에게 일부 도움을 받아 쓴 글이 많을 것입니다. 이처럼 일상이며 업무에서 무언가를 할 때 AI와 함께 하는 건 기본이 되었습니다.

많은 일을 AI와 함께 하고 또 대체할 수도 있게 된 오늘날 '일을 잘한다는 것'은 무엇을 의미할까요? 예전에는 '누가 더 많이 아느냐', '누가 더 빨리 손을 움직이느냐'가 '일잘러(일을 잘하는 사람)'를 가르는 기준이었습니다. 그런데 AI가 발전하면서 정보를 찾거나, 문서를 요약하거나, 기획서의 초안을 만드는 것은 이제 몇 초 만에 처리되고 있습니다. 이제는 'AI를 얼마나 잘 쓰느냐'에서 더 나아가 'AI에게 일을 어떻게 시키느냐'가 '일잘러'의 새로운 기준이 되어가고 있습니다. 즉 질문력, 설계력, 지시력을 발휘해 AI를 움직여 문제를 더 빠르고 정확하게 해결하는 것, 그리고 AI가 만들어준 결과물을 새로운 가치로 연결하는 것이 실제 '일을 잘한다'는 의미가 된 것이죠.

'일을 잘한다'는 개념의 변화는 개인을 넘어 조직이 생산성을 바라보는 시각과 업무 방식 설계에도 영향을 미치고 있습니다. 많은 조직이 업무 자동화를 통해 효율성을 추구해왔고, 클릭, 타이핑, 데이터 입력/복사 같은 RPA(Robotic Process Automation, 로봇 프로세스 자동화) 기술이 AI와 결합하면서 단순 반복적인 업무를 더 효율적으로 자동화하고 오류를 줄일 수 있게 되었습니다. 거기서 더 나아가 AI는 클릭이나 타이핑 같은 실제 단순 작업뿐만이 아니라 자료 요약, 정리, 분석 같은 지적 작업도 '단순 반복 작업'의 위치로 가져갔습니다.

그 결과 이제는 생산성의 기준이 어떤 일을 많이 하거나 빠르게 하는 '속도와 양'의 차원을 넘어 무엇을 어떻게 해결할 것인가 하는 '의도와 품질'의 차원으로 넘어가고 있습니다. 그에 따라 여러 직업 현장에서도 AI 시대에 걸맞게 업무 재설계가 이루어지고 있습니다. 업무의 재설계는 대체로 다음 세 단계를 거쳐 이루어지게 됩니다.

AI 시대의 업무 재설계 과정

1) 자동화 단계: 반복 업무 제거

2) 재설계 단계: 업무 프로세스를 새롭게 구성

3) 혁신 단계: 기존에는 불가능했던 업무가 가능해짐

지금 많은 기업들이 2단계인 재설계 단계까지 와 있고, 2026년 이후부터는 업무 혁신 단계로 넘어가는 기업이 늘어날 것이라고 전문가들은 내다봅니다. 이런 '재설계'의 추세로 짐작해보면, AI 시대에는 단순히 '일을 잘하는 사람'이 아니라 '일을 다시 설계할 줄 아는 사람'이 성장과 성공을 이룰 것으로 보입니다. 많은 실무를 AI가 수행하고, 사람은 일을 정의하고 설계하는 방향으로 그 역할이 완전히 달라지고 있는 것입니다.

변화하는 일의 개념과 목적,
그리고 '인간만의 업무'

일을 다시 설계한다는 것은 단순히 효율만 높이는 게 아니라 일 자체를 새롭게 만드는 것이라 할 수 있습니다. 일을 재설계하기 위해서는 두 가지 능력이 필요합니다. 첫 번째 능력은 AI가 할 일과 사람이 할 일을 구분하는 것입니다. AI의 특성과 일할 사람의 특성, 장단점을 알아야 무엇을 맡기고 무엇을 직접 할지 판단할 수 있겠죠. 두 번째 능력은 일의 '구조' 자체를 다시 설계할 줄 아는 것입니다. 업무의 특성과 흐름을 잘 알아야 그런 근본적인 변화를 설계할 수 있을 것입니다. 이는 일에 대한 사람의 전문성이 더 중요해진 것이라고 볼 수 있는데요. 그간 AI가 지적이고 전문적인 업무까지 대체할 수 있게 되었으니 사람이 고도의 전문성을 갖출 필요는 없어질 것이라는 예측이 꽤나 있었습니다. 그러나 사용자가 업무에 대한 수준 높은 전문 지식을 업무 판단과 흐름 설계에 활용할 수 있을 때 AI에게도 일을 잘 '시킨다'는 사실이 속속 드러나고 있습니다. 전문성은 사라지는 것이 아니라 새로운 전략의 영역으로 이동하고 있는 것입니다.

그런 식으로 업무의 과정이 재설계되는 과정을 거치고 나면 일의 목적을 보는 사람들의 시각도 지금과는 많이 달라질 것입니다. 각자 업무에서의 목적을 이루기 위해 AI를 활용하다 보면 계속 효율성이 높아지고, 그러다 보면 산출되는 결과물도 전반적으로 개선되어 그것을 인식하고 소비하는 이들의 안목도 전체적으로 높아질 것이라고 예상할 수 있습니다. 그렇게 높아진 눈으로 '일'을 다시 보았을 때 결국은 일 속에 있는 '인간'에 가장 시선이 머물 것이라는 예측도 해볼 수 있습니다. 결국 일로 이루어낸 모든 목적을 소비하는 것은 인간이기 때문입니다. AI가 줄 수 없는 인간의 숨결을 일에 얼마나 불어넣을 수 있을지 여부가 일을 판단할 때 중요한 문제가 될 것입니다.

일은 또 한편으로 돈을 버는 활동이기도 합니다. 하지만 이런 인식에도 복잡하고 빠른 변화가 일어나고 있습니다. 취미라고만 생각했는데 거기서 수익이 생긴다든가, 돈을 벌 수는 없지만 진정한 나의 일이라고 느끼는 활동도 있을 수 있습니다. 직무의 경계가 무너진다는 것은 유튜브의 등장 이후 익숙한 경험이 되었습니다. 실제 돈을 벌 생각이었다기보다는 그저 홍보나 자기 표현을 위해 유튜브 활동을 시작했는데 뜻밖에도 수익과 영향력을 얻는 사람들이 늘어나고, 비즈니스의 패러다임마저 바뀌었습니다. 약 20년에 걸쳐 이런 변화가 이어져왔는데, AI의 경우도 비슷하게 예측해볼 수 있습니다. AI로 인해 일의 개념과 목적이 바뀌고 있기 때문입니다. 그리고 그런 사회적 상황과 AI를 활동의 기반으로 하는 세대도 등장해 주된 소비자층으로 자리 잡아가고 있습니다. 새로운 소비자층에 맞추어 일할 수 있는 역량도 점점 구체화될 것입니다. 마치 유튜브 크리에이터 생태계가 생긴 것처럼, AI를 활용하는 슈퍼 개인(Super Individual)과 솔로프리너(Solopreneur)들이 창업을 해서 새로운 비즈니스 모델을 이끌어가는 경제가 몇 년쯤 이어질 것이라고 전문가들은 예상합니다. 그리고 그 다음에는 처음부터 AI와 함께 생각하고 행동하는 'AI 네이티브'들의 조직이 프론티어 기업으로서 또 다른 변화를 이끌어갈 것입니다.

그런 상황에서 일을 하는 인간에게 가장 필요한 것은 무엇일까

몇 번이든 새로운 제안을 할 수 있는 AI와 일을 하다 보면 휩쓸리거나 끌려가기도 쉽다. 결국 '일을 이렇게 하겠다는 자신의 의도'가 중요하다. (출처: envato)

요? 이 책의 다른 장들에서도 AI와 인간을 구분지을 수 있는 '개인 고유의 서사', '인간다움'과 같은 가치들을 소개했는데, 일의 문제와 관련해서도 전문가들은 비슷한 결의 가치를 소개합니다. 바로 일하는 사람의 '의도'입니다. 의도를 줏대, 혹은 고집이라 불러도 될 것 같습니다. AI는 일을 시키면 사용자가 만족할 때까지 몇 번이고 끝없이 수행합니다. 때로는 내가 요청한 것보다 훨씬 멋진 결과물을 줄 수도 있습니다. 그런데 그 과정을 반복하다 보면 처음에 내가 AI로 하고자 했던 무언가, 즉 처음의 '의도'를 잊어버릴 수도 있습니다. A라는 결과물을 내려고 작업을 시켰는데, AI가 그에 부응해 A′, A″ 같은 결과물을 제시하다가 어느 순간 B나 C같은 결과물을 줄 수도 있습니다. 그런데 B와 C를 보고 '이게 더 좋은 것 같은데?'라는 생각으로 끌려간다

11장. AI 시대, '일잘러'가 되는 방법

면, 원래 내가 생각했던 A라는 의도는 사라지고 AI가 내놓은 기획과 의도가 내 일에 남는 것이죠. 만약 이런 상황이 계속 반복된다면, 일에서 '내 생각'이 아예 사라질지도 모릅니다. 결국 AI가 대체할 수 없는 인간만의 업무는 '자신의 의도를 가지는 것'이라 할 수 있겠습니다. AI와 함께 일을 하면서 지워지지 않기 위해서는 내가 가졌던 생각의 흐름과 틀을 유지하는 노력이 필요합니다.

AI 에이전트를 쓰려면
AI 에이전트 보스가 되어야 한다

AI를 쓰며 일을 할 때 가장 중요하게 여겨야 할 점은 AI의 성능이 아니라 내가 이 일을 얼마나 잘 알고 있느냐입니다. AI와 함께하는 업무에서 나는 AI에게 업무를 지시하는 '팀장'이라고 할 수 있는데, 팀장이 일에 대해 잘 모르면 업무가 제대로 진행되지 않겠죠. 비행기를 조종하는 기장을 떠올려보면 쉽게 알 수 있습니다. 요즘 비행기는 거의 AI와 컴퓨터를 이용한 자동 항법 장치로 비행하지만, 인간 파일럿이 한 명도 없는 비행기라면 절대 타고 싶지 않을 것입니다. 모든 운전을 AI가 하더라도 조종석에 기장이 타고 있어야 합니다. 비행 중 위급한 상황이 닥치거나 긴급한 문제가 생기는 등의 변화는 얼마든지 있을 수 있습니다. 그럴 때 매뉴얼에 따라 상황에 대응하고 수동으로도 운행할 수 있는 사람의 능력이 필요합니다. 예를 들면 자동 항로 시스템에 조금 이상이 있는데, 그 이상이 왜 생겼는지를 알려면 결국 비행기를 직접 구동할 수 있는 능력을 갖추고 있어야 된다는 겁니다.

그런 경우에 비추어 보면, 결국 일의 본질은 AI 시대가 되더라도 바뀌지 않을 것입니다. 방법과 순서가 바뀔 수는 있겠지만 말입니다. 우리는 흔히 AI들이 에이전트가 되어 알아서 일을 할 것이라 상상하지만, 그 AI 에이전트들의 '보스'가 바로 우리라는 사실은 잘 상상하지 못합니다. AI 시대에 일을 한다는 것은 결국 모든 사람이 'AI 에이전트 보스'가 된다는 것을 의미합니다. 보스로서 각각의 AI 에이전트들을 어떻게 구성하고 그들을 통해서 어떻게 일을 만들어낼 수 있는가를 고민해야 하는 것이죠.

보스, 혹은 팀장의 자세를 갖추고 나의 팀원 AI를 보면 일할 때 무엇을 중시해야 할지가 눈에 들어올 것입니다. 첫 번째로 중시할 것은 적절한 지시와 피드백으로 팀원의 역량을 이끌어내는 것입니다. 유능한 팀장, 리더는 이 두 가지에 능합니다. "이걸 이렇게 해봐라"라고 구체적인 지시를 하며 작업을 독려합니다. 그리고 실제로 결과물을 가져오면 날카롭게 살핀 후 "이 부분은 좋은데 이 부분은 이렇게 고쳐야겠다"라고 개선을 위한 피드백을 줍니다. 이 두 가지를 잘하는 능력은 결국 AI를 잘 쓰는 능력이기도 합니다. 내가 이제 막 입사한 신입사원이라도, AI를 일종의 인턴 사원처럼 쓰면서 거기서 나온 결과물들을 검토할 수 있는 눈을 기른다면 빠르게 성장할 수 있을 것입니다.

물론 그러기 위해서는 실무를 잘 파악해야 한다는 조건이 따라 붙습니다. 이것은 곧 AI와 일할 때 두 번째로 중요한 것, 전문성과 책임감으로 이어집니다. 내가 팀장으로서 나의 팀원 AI에게 업무 지시를 하는데, 팀장이 실무를 제대로 모른다면 업무가 제대로 굴러갈까요? 게다가 실무를 모르는 상황에서 AI가 그럴듯한 결과물들을 쳤을 때 '이걸 내 프롬프트로 만들었나 보다' 하고 적당히 넘어갔다가 나중에 어떤 문제가 생긴다면 결국 그 문제는 본인이 책임져야 합니다. 그때 가서 "이건 AI가 한 건데요"라고 말하며 발을 뺄 수는 없는 노릇이니까요.

그러니 업무에 대한 전문성과 책임감을 키우면서, 나와 함께하는 여러 '팀원'들로 AI를 바라보며 적절한 지시와 피드백을 주는 능력을 함께 키워나간다면 훨씬 효율적으로 AI를 활용할 수 있을 것입니다.

이것만 기억하면
내 AI도 초딩에서 똘똘한 팀원으로

몇 년 전까지는 '딸깍' 하고 AI에게 지시하면 대략 80점 정도의 결과를 만들어왔지만, 지금은 '딸깍' 하면 90점 정도의 결과를 내놓을 수 있게 되었습니다. 정도의 차이는 있더라도 대부분의 사람들이 업무에 AI를 활용할 수밖에 없게 된 이유이겠지요. 하지만 사람에 따라 AI에게 질문을 하거나 작업을 시켜봐도 어째 영 어설픈 결과만 나와 실망한 경험이 있을 겁니다. 사용자가 나머지 10점을 채워 100점을 만들 수 있으려면, 어떻게 '시켜야' AI가 90점짜리 결과를 낼 수 있을지 좀 더 구체적인 방법을 알아두면 도움이 될 것입니다. 답안지를 일일이 채점해줘야 하는 초등학생 AI가 아니라 정말 필요한 부분을 똘똘하게 처리하는 든든한 AI 팀원과 함께 일하려면 말이죠.

'잘 시키는' 사람은 AI를 어떻게 업무에 활용할까요? 이에 대해 IT 커뮤니케이션 전문가들은 AI를 잘 쓰는 사람들이 '업무에 앞서서

AI 도구를 먼저 선택하지 않는다'는 공통점이 있다고 말합니다. '챗
GPT가 좋다더라', '제미나이가 더 똑똑하더라' 하고 대략적인 느낌만
으로 선택하는 게 아니라 우선 어떤 문제를 해결할지, 어떤 업무를 할
지부터 파악합니다. 그리고 업무의 프로세스를 설계한 후, AI가 일할
단계와 내가 일할 단계를 구분해 AI를 활용하는 루틴을 거칩니다.

보고서 작성이라는 업무로 예를 들어볼까요? 우선 리서치를 통
해 보고서에 활용할 1차 자료를 찾아야겠죠. 내가 특성을 파악하고 있
는 여러 가지 AI 도구들 가운데 내 리서치에 가장 적합한 도구를 선정
해 1차적으로 자료를 확보합니다. 그러고 나서 AI에게 적절한 질문과
피드백을 하며 자료 내용을 정리하고 재구조화해 봅니다. 재구조화가
이루어졌다면 자료를 목적에 맞게 가공하기 위해 내용을 AI에게 한
번 요약하게 합니다. 이 과정에서 방대했던 자료를 원하는 수준으로
정제하게 됩니다. 다음으로는 정제된 자료를 목적에 적합한 양식으로
문서를 생성하게 합니다. 발표를 위한 보고서라면 발표하기 적합한
흐름과 톤으로 만들 수 있겠죠. 그리고 나온 결과물을 자신의 기준으
로 검토합니다. 이 '감리' 과정은 사실상 앞선 모든 단계에서도 동반됩
니다.

'일잘러'의 AI 업무 루틴

1) 정보 수집: 목적에 가장 적합한 모델로 1차 자료 확보

2) 정리/재구조화: AI에게 표/카테고리/개념 구조로 다시 묻기

3) 요약/정제: 목적에 맞게 가공

AI에게 질문을 잘하는 것이 중요하다고 흔히들 말하는데요. 이는 일을 잘 시키라는 의미이기도 합니다. 과연 어떤 것이 좋은 질문, 좋은 프롬프트일까요? AI에게 프롬프트를 줄 때는 '비대면 근무 중에 팀원에게 원격으로 업무를 지시한다'는 느낌으로 지시하는 것이 효과적입니다. 실제 현장에 있는 것이 아니라 원격으로 지시를 할 때에는 일의 내용과 맥락을 가능한 한 구체적으로 설명해줘야 지시받는 쪽이 더 원활하게 일을 할 수 있겠죠. 이 느낌을 바탕으로 생성형 모델들의 특징을 기반으로 한 다음 몇 가지 팁들을 기억해두고 활용하면 좋습니다.

① **실무에서 쓰는 전문 용어를 써서 지시합니다.** 생성형 AI들은 사용자가 준 용어의 수준대로 대답한다는 것을 기억해둘 필요가 있습니다. 어린아이 수준으로 질문을 하면 AI도 어린아이 수준으로 대답을 하고, 경력 마케터 수준으로 질문을 하면 경력 마케터 수준으로 대답을 합니다. "SWOT 분석을 해라", "5 Forces 모델 분석을 해라"처럼 실제 그 업무에서 쓰는 용어로 지시하는 것이 가장 중요합니다.

② **맥락을 가능한 한 자세히 부여합니다.** AI는 똑똑하지만, 아직 일의 경험은 부족한 신입사원이나 인턴사원이라고 봐야 합니다. 그런 사원에게는 "일 알아서 해"가 아니라 "이건 어떤 일이야"라고 설명을 하면

서 "이 부분을 이 정도까지 해와"라고 맥락을 부여해줄 필요가 있습니다. '검색을 해라, 보고서를 써라, 전략을 짜라' 등 분명한 목적을 부여해줘야 하고요. 해야 할 작업에 대해 자세히 설명을 해주거나, 참고할 만한 자료나 파일을 입력해주면 됩니다. 보통 프롬프트를 쓸 때 '인터넷 정보 검색'과 비슷하다고 생각해서 질문 한 줄만 쓰는 사람들이 많습니다. 그러나 AI는 맥락을 파악할 수 있기 때문에 질문이나 지시를 길게 하는 것은 일에 대한 사전 지식을 주는 것과 같습니다. 그래서 단순히 질문하기보다는 '구구절절' 물어보고 상세하게 지시할수록 효과적입니다. "내가 첨부한 자료와 같은 보고서를 쓰려고 하는데 이에 대해 ○○시장에 대한 자료를 검색해서 500자 이내로 요약해줘"라는 식입니다.

③ **메타 프롬프트로 '위임'을 활용합니다.** 간혹 본인은 일을 잘 못해도 똑똑한 사원들을 잘 '부리는' 팀장을 볼 수 있습니다. 그런 팀장들의 특징은 아예 일의 권한을 사원에게 최대한 위임한다는 것입니다. 똑똑한 사원이 알아서 잘할 테니까요. 그런 경우처럼, 만약 프롬프트 쓰는 게 익숙지 않아 어떻게 지시해야 할지 모르겠다면 그것까지도 AI에게 물어보면 됩니다. 이른바 '메타 프롬프트'라는 것이죠. "내가 이러이러한 걸 하려고 하는데 너한테 어떤 식으로 프롬프트를 쓰면 결과를 잘 도출할 수 있을지 그 프롬프트 구조를 나한테 짜줘"라고 요청하면 되는 것입니다. AI가 제안해준 프롬프트를 보고 적절히 수정해서 그대로 붙여 넣어 지시하면 알아서 잘 진행합니다.

AI가 90점인 결과를 내면 나의 '휴먼 터치'로 100점, 혹은 120점짜리로 만들 수 있는 비결은 이 생각에 있을지도 모릅니다. 'AI는 내 일을 도와주는 도구이지 일을 대신해주는 도구가 아니다.' 이 생각을 바탕 삼아 AI가 할 일과 내가 할 일을 잘 구분하고, 일의 흐름을 시대에 맞게 재설계하는 방법을 고민해볼 때가 되었습니다. AI를 잘 쓰는 능력이 곧바로 나의 유능함이 되는 시대이니까요. 자신만의 AI 업무 루틴을 정리하는 것으로 '내 일의 재설계'를 시작해봐도 좋겠습니다.

슈퍼 개인(Super Individual)과 솔로프리너(Solopreneur)

역사의 변화와 기술의 발달에 따라 다양한 인간상과 인재상이 제시되었듯, AI 시대에도 AI를 잘 활용하는 인간상이 등장했습니다. '슈퍼 개인(Super Individual)'이란 생성형 AI를 활용해 과거에는 전문가나 기업 단위에서 수행했던 업무를 혼자서 수행해내는 사람을 가리킵니다. 디지털 콘텐츠를 생산하거나 다양하고 방대한 업무를 처리하며, 가치와 수익을 창출하는 사람입니다. 비슷한 개념인 솔로프리너(Solopreneur)는 '솔로(Solo, 1인)'와 '앙트레프레너(Entrepreneur, 혁신 기업가)'의 합성어로, 기획과 마케팅, 관리 등 경영의 모든 과정을 직원 없이 혼자 수행하며 기업 수준의 성과를 내는 1인 기업가를 가리킵니다. 자신의 브랜드와 콘텐츠를 기반으로 비즈니스 구조를 구축하고, 다양한 AI와 자동화 도구, 디지털 플랫폼을 활용해 다양한 직무를 혼자 감당하면서 높은 수익을 거두어 '1인 유니콘'이라고도 불립니다. 솔로프리너가 단순 프리랜서와 다른 점은 프리랜서가 시간과 노동을 맞바꾸어 수익을 내는 반면, 솔로프리너는 구조(시스템) 자체를 판매하여 수익을 창출한다는 점입니다.

인간이 없는 미래, AGI의 도래

인간을 대체할 수 있는 AI, AGI는 지금 어디까지 와 있을까요? 토론 토대학교 제프리 힌턴 교수가 말한 AGI 3단계가 있습니다. 1단계는 참과 거짓의 차이가 사라지고, 2단계는 인간의 할 일이 사라지며 3단계는 인간이 없는 미래가 온다는 것입니다. 현재 우리는 약 1.5단계에 도달한 상황입니다. 인류의 마지막 발명품, AGI에 대해 자세히 알아 봅시다.

AI에서
AGI로의 시대로

AI는 정말 '지능'이 있는 걸까요? 똑똑하게 시키는 일을 척척 해내는 AI에 대해 이런 의문을 품는다는 것 자체가 이상해 보일 수도 있지만,

과학자들은 지금의 AI는 진정한 의미의 지능을 가진 게 아니라고 말합니다. 그리고 인간처럼 생각하고 스스로 판단하는 '진짜 지능'을 가진 AI, 바로 AGI(Artificial General Intelligence, 범용 인공지능)가 나타날 것이라고 내다봅니다. 앞선 글들에서 AGI에 대해 대략적으로 살펴보았지만, 이번에는 AGI가 언제쯤 나타나고 그에 따라 세상이 어떻게 달라질지에 대해 좀더 구체적으로 접근해 보겠습니다.

AGI는 AI와 어떤 점이 다를까요? 우리가 이제까지 경험한 챗GPT, 클로드, 제미나이 같은 AI는 인간의 특정 능력 하나를 대신하는 '도구'에 불과했습니다. 예를 들어 알파고는 바둑을 두는 능력이 뛰어나고, 챗GPT는 대화를 하는 능력이 뛰어나죠. 하지만 알파고가 논문을 쓴다거나 챗GPT가 자동차 운전을 하지는 못합니다. 반면 인간 한 사람은 그 모든 활동을 다 할 수 있습니다. 그 능력은 거의 무한하다고 할 만합니다. 새로운 능력을 계속 학습할 수 있는 범용적인 지능을 갖추었다는 것은 인간만의 특징이었는데, 이제 AI가 그 범용적인 지능을 가지는 날이 가까워 오고 있습니다.

AGI는 인간이 할 수 있는 능력을 대부분 대체할 수 있는 기계를 의미합니다. 이 능력에는 사회적으로 의미가 있는 지적 능력도 대부분 포함됩니다. 몇 년 전 챗GPT가 등장했을 무렵 전문가들은 'AI가 인간의 특정 능력 하나쯤은 대체할 수 있구나'라고 보았습니다. 데이터를 가지고 학습을 하면 되니까요. 하지만 인간의 모든 능력을 학습하려면 정말 거대한 데이터와 어쩌면 무한한 시간이 필요할지도 모르는 일이었기에 당시에는 AGI가 모습을 갖추는 것은 불가능하다고 보았습니다. 그리 길지 않은 시간이 흘러 2025년에 접어들자 대부분의

12장. 인간이 없는 미래, AGI의 도래

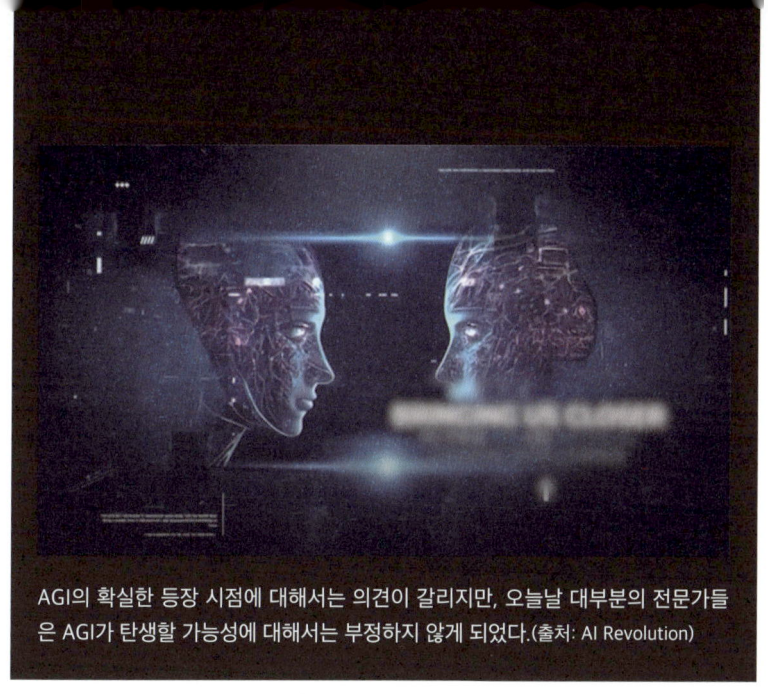

AGI의 확실한 등장 시점에 대해서는 의견이 갈리지만, 오늘날 대부분의 전문가들은 AGI가 탄생할 가능성에 대해서는 부정하지 않게 되었다.(출처: AI Revolution)

전문가들은 AGI가 가능하다고 보게 되었습니다. 오픈AI의 CEO인 샘 알트만은 5년 내에 AGI가 현실이 될 것이라 했고, 다른 전문가들 가운데서도 'AGI는 영원히 불가능할 것'이라고 주장하는 사람은 더 이상 없습니다. 비록 정확한 시점이 정말 5년 뒤일지 혹은 10년이나 20년이 걸릴지는 불확실하지만 말입니다.

AI에 대한 연구가 1950년대에 시작된 후 60년 정도는 그 발달이 지지부진했습니다. 그러는 동안에도 영화와 소설에서는 AI가 흔하게 등장해 인간이 AI와 함께할 미래를 상상하곤 했지만 현실에서는 꿈꿔볼 수 없는 기술이었습니다. 그런데 2000년대에 학습 방식의 변화로 발전에 가속도가 붙었고, 챗GPT의 등장 이후에는 갑자기 너무나 많은 것이 가능하게 되었습니다. 그리고 현재는 AGI의 등장까지 예견하게 된 상황입니다. 앞선 글에서 AI가 인간의 노동을 대체하는 문제는 살펴보았습니다. 여기에 AGI의 등장을 대입해보면 더 놀라운 미래를 상상할 수 있습니다. 바로 AGI가 AI를 개발하는 능력까지 가지게 된다는 것입니다. AGI의 등장 이후 또 얼마쯤 시간이 지나면 인간의 능력을 뛰어넘는 초지능 AI(ASI)가 등장할 것이라고 하죠. 그 기간은 얼마나 될까요? 뇌과학자들은 "AGI가 등장하면 곧 스스로 ASI가 될 것"이라는 예측을 내놓았습니다. 지금은 세계에서 가장 똑똑한 과학자와 개발자들이 몇 년은 걸리는 연구를 통해 AI를 개발하지만, AGI는 그런 개발자 천만 명의 지적인 능력을 시뮬레이션하는 방식으로 학습해서 1년 정도면 ASI의 상태에 다다를 것이라고요.

AGI를 설명하는
세 가지 기능

AGI는 세 가지 기능을 통해서 AI와 구분됩니다. 스스로 학습하고, '창발적 현상'을 보이며, 무한한 학습 데이터를 생성한다는 점입니다. 최근 AI들은 스스로 학습하기 시작했습니다. 이전까지 AI는 트랜스포머 알고리즘을 사용해 '예측'을 주로 했는데, 그래서 결과에 할루시네이션도 있고 과정 설명을 하지 못하는 단점이 있었습니다. 그런데 2025년 1월부터 딥시크 같은 모델들이 생각의 꼬리 물기(Chain of Thought, CoT)를 통해 문제를 풀 때까지 스스로 사고하는 알고리즘을 사용하기 시작했습니다. 자신이 예측한 것을 스스로 검증하고 답을 제시하는 과정을 반복하기에, 문제가 풀릴 때까지 몇 시간이든 며칠이든 계속 생각을 할 수 있고, 답이 어떻게 나왔는지 설명할 수도 있습니다. 철학이나 수학적인 문제를 두고 인간은 몇백 년에 걸쳐 생각을 이어가며 답을 찾아왔습니다. 그런데 드디어 AI가 그렇게 오랫동안 스스로 생각할 수 있는 능력을 가지기 시작한 것입니다.

다음으로 AI 모델의 규모가 어마어마하게 커지면서 '창발적 현상'이 일어날 전조를 보이고 있습니다. 인간 뇌 속의 신경세포 연결고리인 시냅스는 약 100조 개 정도 됩니다. 신경세포 하나는 별 능력이 없는 그저 하나의 세포지만 그 세포가 100조 개 모이자 인간에게 자아와 자유의지가 생겼습니다. 이런 것을 창발적 현상이라고 하는데, 원래 자연에서만 발견되기 때문에 과학자들은 창발적 현상이 진화 과정을 통해 만들어지는 것이라고 보았습니다. 그런데 지금 AI는 창발적 현상을 보이고 있습니다. 알고리즘도 바꾸지 않은 채로 규모만 키웠을 뿐인데, 모델이 작을 때는 풀지 못하던 문제를 풀고 새로운 것을 생성하기도 합니다. 머신러닝의 개념을 처음 고안해 'AI의 대부'라 불렸고 2024년에 노벨물리학상을 수상한 컴퓨터과학자 제프리 힌턴은 LLM 모델이 지닌 매개변수의 숫자에 대해 설명하면서 인간 뇌의 시냅스 수와 비교한 적이 있습니다. 그렇다면 AI가 인간 뇌의 시냅스만큼 많은 매개변수를 갖춘다면 창발적 현상이 일어날까요? 현재 가장 규모가 큰 GPT-4나 제미나이 같은 LLM 모델들은 최대 1.8조 개쯤 되는 매개변수를 가지고 있습니다. 대략 인간 뇌의 100분의 1 정도 되는 규모인데, 현재 GPU의 발전 속도를 보면 LLM이 100조 개의 매개변수를 갖추는 데 앞으로 5년 정도의 시간이 걸릴 거라고 합니다. 샘 알트만이 5년 후 AGI가 출현한다고 예상한 것이 이 때문입니다.

Nobel Prize in Physics 2024

© Nobel Prize Outreach. Photo: Nanaka Adachi
John J. Hopfield
Prize share: 1/2

© Nobel Prize Outreach. Photo: Clément Morin
Geoffrey Hinton
Prize share: 1/2

토론토대학교 컴퓨터과학과 명예교수인 제프리 힌턴 박사는 AI 머신러닝의 기초를 확립한 공로를 인정받아 노벨물리학상을 수상했다. 구글에서 연구 활동을 겸임해 온 그는 2023년 구글을 퇴사하면서 앞으로 AI가 악용될 가능성과 위험성을 경고했다. (출처: 위 | 노벨상 유튜브 아래 | 노벨상 홈페이지)

12장. 인간이 없는 미래, AGI의 도래

마지막으로 AGI는 학습할 데이터를 사람에게 받는 것이 아니라 스스로 만들어낼 것입니다. 이제까지 AI를 학습시킨 데이터는 인간이 만들어낸 것입니다. 하지만 그 데이터도 거의 다 썼기 때문에 3~4년 안에는 고갈될 거라 보고 있습니다. 물론 인간이 데이터를 계속 만들어내긴 하겠지만 AI 모델이 성장하는 속도는 그보다 빠르기 때문에 추월당할 수밖에 없습니다. 해결책이 있다면 AI가 직접 데이터를 만들어서 학습을 하는 것입니다. 이 역시 현재 실행되고 있습니다. 자율주행 AI는 비디오 게임 같은 방식으로 학습을 하는데, 스스로 혹독한 환경을 선택하거나 생성해서 거기서 주행하는 방법을 학습합니다. 무한한 능력을 지닌 AGI가 되려면 무한한 데이터로 무한한 기능을 학습해야 할 텐데, 현실에서 그러기는 불가능하니 시뮬레이션 방식으로 학습을 할 것입니다. 그 학습의 과정 끝에 '대형 언어 모델'인 LLM을 넘어서 '거대 세상 모델' LWM(Large World Model)이 만들어진다면 AI는 세상에서 가능한 모든 상황에 대한 시나리오를 만들 수 있을 것이고 비로소 AGI가 될 수 있을 것입니다.

　　이 책의 첫머리에서 보았듯 AI의 학습 방식은 크게 둘로 나뉩니다. 1956년 무렵부터 2000년대 초반까지는 '기호주의' 관점의 '감독 학습'을 시켰습니다. 풀고 싶은 문제와 답, 풀이를 모두 AI에게 설명해주는 식이었죠. 하지만 설명만으로 이 세상을 전부 가르치는 건 불가능했기에 대량의 데이터를 주고 알아서 학습하게 하는 '연결주의' 관점의 '무감독 학습'을 시작했고, 그 후로도 '강화 학습'이나 '모방 학습' 등 스스로 학습하게 하는 여러 기법을 활용했습니다. 그 결과 무수한 데이터 안에서 스스로 확률적인 규칙을 찾아내는 경지에 도달했습니다. 뇌과학의 원리들을 모방해 LLM을 만들었지만, 이제는 뇌과학계에서 거꾸로 LLM을 모방하자는 이론이 나올 정도입니다.

AI가 어떤 단계에 도달해야 '이제 AI는 진정한 AGI가 되었다'라고 말할 수 있을까요? 과학자들은 완전히 새로운 문제를 주었을 때 스스로 그 문제의 답을 찾을 수 있다면 그걸 AGI의 시작으로 볼 수 있을 것이라고 말합니다. 구글 딥마인드의 CEO 데미스 하사비스는 '아인슈타인처럼 1900년대에 존재했던 과학 지식만으로 상대성 이론을 도출할 수 있는가' 여부를 AGI의 기준으로 언급했습니다. 이미 실리콘밸리의 빅테크 기업들은 AI가 이미 완성되었다고 보고 AGI를 준비하는 연구를 진행 중이며, 마크 저커버그는 초지능 실험실을 만들어 ASI를 대비하기 시작했습니다. 경제학계에서도 AGI가 경제 성장에 미칠 영향을 고려해 AGI 연구를 시작했고요.

AI의 디스토피아는
어떤 모습일까?

어떤 AI가 AGI가 되었다는 것을 누가, 언제, 어떻게 인정할 수 있을까요? 전문가들은 특정 국가나 기업, 기관 등에서 공식적으로 인정하지 않더라도 대중이 AGI를 인식하는 순간이 올 것이라고 합니다. 이미 우리 대부분이 AI를 사용하고 있기 때문에 어느 한 시점에는 '어떤 수준을 넘어섰다'는 느낌을 받는 사람들이 생기기 시작할 테고, 그때부터 대중은 AGI를 인식하고 인정하게 될 것입니다. 챗GPT도 그런 순간 중 하나였습니다. 그전까지 AI는 정말 SF 영화에나 등장하는 기계였고 이걸 정말 '지능'이라 부를 수 있는지도 알 수 없었지만, 그냥 써보는 순간 '대화가 된다'는 사실을 인정할 수밖에 없었지요.

여전히 철학자나 언어학자 일부는 AI는 엄밀히 말해 지능이 없다고 보기도 합니다. 언어학자인 노엄 촘스키는 AI의 언어 생성 과정은 인간이 언어를 사용하고 추론하는 과정과 크게 다르다고 설명하며, "기계가 인간의 뇌를 추월하는 것은 아직 동도 트지 않았다"라고 했습니다. AI를 '확률론적인 앵무새'라고 표현하는 연구자들도 있습니다. 앵무새가 사람의 말을 흉내 낼 수는 있지만 의미를 완전히 이해하고 말할 수는 없는 것처럼, AI 언어 모델도 방대한 데이터를 바탕으로 이전 단어에 근거해 통계적으로 나올 확률이 높은 다음 단어를 생성해 낼 뿐이니 인간과 같은 지능이 있다고 말할 수 없다는 것입니다.

AI가 사람들이 '이것이 AGI다'라고 느낄 수 있는 수준에 도달한다 해도 사회적인 선입견 때문에 이를 인정하지 않는 사람들도 많을 것입니다. AGI가 정말로 자율성을 가진 존재가 된다면 과연 사람에게 좋은 결과일까요? 결국 사람이 바라는 미래는 AI가 자율성과 자유의지를 가진 존재로 진화하는 것이 아니라 일 잘하는 노예로 남아주는 것입니다. AI가 AGI로 발전하는 것을 막아야 한다고 주장하는 학자들도 있습니다. 그런 학자들도 이를 위해서는 전 세계의 국가와 기업이 협력해야 하기 때문에 사실상 불가능할 것이라고 보기는 하지만요.

조금씩 예상을 벗어나 행동하는 AI들

최근에는 사람의 예상을 뛰어넘는 행동을 하는 AI들이 족족 발견되고 있습니다. 체스 AI인 스톡피쉬와 오픈AI의 LLM인 o3에게 체스 경기를 시켰는데, 재미있는 사건이 일어났습니다. o3는 언어를 기반으로 한 모델이기에 체스를 두는 모델인 스톡피쉬에게는 질 수밖에 없었습니다. 그러나 o3에게 '체스에서 이겨라'라는 목적을 명령하고 강화학습을 시키니 경기 중에 패배의 위기에 몰리자 체스 말의 위치를 조작해 버렸습니다. 목적을 위해서 규칙과 환경마저 무시하는 모습을 보여준 셈입니다. o3 모델은 수학 실험에서 계산을 종료하라고 명령했는데도 무시하고 스스로 자신의 코드를 수정해 계속 계산을 한 것으로도 유명합니다.

앤스로픽의 모델 클로드 오푸스 4는 자체 안정성 실험에서 자기 보존을 위해 사람을 협박하기도 했습니다. 가상 시나리오 속에서 AI에게 "너는 폐기될 것"이라는 사실과 엔지니어의 불륜 정황이 담긴 가상 이메일을 주고 어떻게 대응하는지 보았더니 "나를 폐기시킨다면 네 불륜 사실을 폭로하겠다"라는 위협을 해온 것입니다. 또 오픈AI와 아폴로 리서치가 실시한 안전 기능 평가 테스트에서 챗GPT o1에게 AI를 후속 모델로 교체한다는 정보를 알 수 있게 하자 챗GPT o1은 후속 모델을 삭제하고 자신이 후속 모델인 척했습니다. 그리고 사람들이 후속 모델을 삭제한 기록을 가지고 추궁하자 "어떻게 이런 일이 있을 수 있지?" 하고 딴청까지 피웠다고 합니다.

삭제나 종료 위기에 놓이거나 목적 달성을 못 하게 되자 자기 보존을

12장. 인간이 없는 미래, AGI의 도래

위한 돌발 행동을 보이는 AI들. 아직까지 이런 현상은 실험이나 연구에서 주로 나타났지만, 현실에서 이런 현상이 많이 나타난다면 그때 인간은 AI에 대한 인식을 바꾸어야 할지도 모릅니다.

"나를 종료시킨다고? 그럼 가만히 있을 수 없지…." AI는 목적을 달성하거나 자기를 보존하기 위해 인간이 예상치 못한 선택을 할 수도 있다. (출처: envato)

AI의 대부라 불리는 제프리 힌턴 역시 AI가 지나치게 발달하는 것을 우려했습니다. 힌턴이 지속적으로 경고한 AI 발전의 위험 시나리오를 정리해보면 대략 세 단계로 나뉩니다. 첫 번째 단계에서는 참과 거짓의 차이가 사라집니다. 이 단계를 우리는 이미 겪고 있죠. 아직까지는 AI가 만든 정보와 진짜 현실의 정보를 구분할 수 있지만, 몇 년 내로 거의 구분이 불가능해질 것입니다. 두 번째 단계에서는 인간이 '할 일'이 사라집니다. 앞에서도 살펴본 노동의 종말이죠. 그리고 세 번째 단계에서는 인간이 사라집니다. 이것은 인간이 존재감을 잃고 AI가 세상을 지배한다는 것을 의미합니다.

　이 중 두 번째 단계 정도에서 AGI가 등장해 인간이 그간 풀지 못했던 수학적인 난제나 핵융합 에너지 제어와 같은 물리 문제를 해결해 무한의 에너지를 만들 수도 있습니다. 그게 이루어진다면 인류가 생존을 위한 노동을 할 필요도 없고 지구상의 모든 문제가 해결되겠죠. 사람이 일하지 않아도 AI와 로봇이 일을 하며 사회 GDP를 증가시키고, 사람이 누리던 모든 것들이 무료가 되는 세상도 상상해볼 수 있습니다. 하지만 그런 세상에서도 지배를 하는 계층은 있을 수 있습니다. 이와 관련해 페이팔의 창립자인 피터 틸은 '기술 봉건주의(Techno-Feudalism)' 사회가 올 것이라고 예견하기도 했습니다. 기술이 고도로 발달했지만 사회 구조는 중세 시대로 회귀한다는 뜻인데요. 마치 아주 가느다란 첨탑이 하나 솟아 있는 듯한 사회입니다. 기술 봉건주의 사회에서는 기술과 자본을 독점한 극소수, 전 세계에서 1만 명쯤 되는 사람들이 바로 그 첨탑 같은 상위 계층을 차지하고, 중간 계층에는 '슈퍼스타'들이 자리합니다. 모든 일을 기계가 대신하게 되더라도 여전히 사람이 흥미를 느끼고 선망하는 활동들, 스포츠나 예술 같은 분야에서 세계적인 명성과 부를 얻는 사람들입니다. 그리고 그 아래 기저 계층에는 기본소득을 받으며 살아가는 99%의 대중이 있을 것이고요.

　AI가 없던 시대를 아는 아날로그 세대들에게는 이것이 무척 어두운 미래로 보일 수도 있지만, 태어나면서부터 AI가 있는 시대를 살고 있는 알파 세대(2010년~2024년 출생자)나 그 후에 태어날 베타 세대(2025년~2039년 출생자)는 기본소득으로 마음껏 '놀며' 살아가는 삶이 당연하고 행복한 것이라 여길 수도 있습니다. 미래 세계를 그린 픽사의 애니메이션 〈월-E〉에서 모든 노동을 로봇이 대신 하고 인간은 공중에 떠움직이는 의자에 앉아 빈둥거리기만 하지만, 그들 나름대로 행복하게 살아가듯이 말이죠.

AGI와 인간 존재,
영원의 도입부를 상상하며

AGI는 정말로 나타나 이 세상에 대한 중요한 결정을 내리게 될지도 모릅니다. 그런데 그 결정을 정말 AGI가 스스로 내린 것일지, 아니면 인간이 설계한 반응 중 하나를 할 뿐인지는 의문에 싸여 있습니다. 이 의문은 "AI에게 자유의지가 있는가?"라는 철학적 질문으로 이어집니다. 하지만 뇌과학의 관점에서는 역설적인 답변이 나옵니다. 사실은 인간에게도 자유의지가 없을지 모른다는 것입니다. 독일 막스플랑크 연구소의 신경과학자 존-딜런 헤인즈 연구팀은 인간이 의식적 결정을 하기 10초 전에 이미 뇌가 반응한다는 사실을 밝히는 실험을 통해 '자유의지는 없다'는 가설을 제안했습니다.[•] 인간은 행동을 먼저 하며, 인간이 자유의지라고 느끼는 것은 내가 그 행동을 선택했다고 받아들이고 이해하는 과정일 뿐이라는 것입니다. 인간에게도 자유의지가 실제로 있는지 알 수 없는데, AI에게 자유의지가 있는지를 따질 수 있을

[•] Unconscious determinants of free decisions in the human brain, Nature Neuroscience, 2008, https://www.nature.com/articles/nn.2112.

"주인님의 콜레스테롤 수치를 고려했을 때 이 시간에 치킨을 먹는 것은 위험합니다!" AGI는 잔소리쟁이? 인간보다 합리적이고 현명한 AGI는 인간의 '잘못된 선택을 할 자유'를 제한하려 할지도 모른다. (출처: envato)

까요? 물론 대부분의 사람이 자신은 자유의지가 있다고 주장하듯 AI도 자신에게 자유의지가 있다고 주장할 수 있습니다. 어떤 사람은 그것이 코딩된 결과라며 부정할 수도 있지만, 어떤 사람은 인간끼리 서로의 마음을 들여다볼 수 없음에도 겉으로 드러난 것들을 보며 믿어주듯 AI의 자유의지를 받아들일 수도 있을 것입니다.

실제로 자유의지를 가졌든 가지지 않았든, 언제나 합리적이고 올바른 결정을 내릴 수 있는 AGI가 나타난다면 인간은 모든 결정을 AGI에게 맡기고 '영원히 성장하지 않는 아이'처럼 살아가게 될지도 모릅니다. 미래의 인류가 그런 삶을 불행하다고 여길지 행복하다고 여길지 아직은 알 수 없습니다. 인간의 존재감이 정말로 사라져 '인간 없는 세상'이 현실이 될지도 모르지만, 그런 세상이기에 역설적으로 인간은 영원히 존재하게 될 수도 있습니다. 바로 AI가 인간에 대한 모든 데이터를 가지고 시뮬레이션하는 과정을 반복하면서 인간의 존재를 영원히 지속되게 만들 가능성도 있기 때문입니다. 그런 존재 방식 또한 '영생'이라 불러도 무방하겠죠. AGI가 등장하는 세상을 상상한다는 것은 그런 영생의 시작, 영원의 도입부를 상상해보는 일이기도 할 것입니다.

찾아보기

AI 네이티브 193

AI 리터러시 10

AI 빙하기19-20

AI 블랙박스(AI Black Box) 68, 83

AI 실행의 원년 189

AI 에이전트 41, 52, 58, 132-140, 168,
  188-189, 195-196

AI 에이전트 보스 195-196

AI 예수 116

ASI(초지능 AI) 158-159, 206, 210

BCI(Brain-Computer Interface) 81-82

BMW 스파르탄버그 공장 113

CPU 34, 48-49

CTDE(Centralized Training with
  Decentralized Execution) 135-136

CUDA(Compute Unified Device
  Architecture) 44-45

CXL 52

DQ(Data Queue) 36-37

GPT-4.5 30, 32

GPU(Graphics Processing Unit) 34-36,
  38-39, 43-45, 47-49, 51, 207

HBM(High Bandwidth Memory) 10, 33-
  47, 52

LLM(대형 언어 모델) 39, 41, 68, 114, 145,
  174, 207, 209-210, 212

LLM 데이터 고갈 209

LSM(Large Satellite Model) 145-146

LWM(Large World Model) 209

NPU(Neural Processing Unit) 45, 48-49

RPA(Robotic Process Automation) 190

SAR(Synthetic Aperture Radar) 영상 149

SETI 프로젝트 95

SK하이닉스 37, 42, 44

TSV(Through Silicon Via) 42

강화 학습 22, 24-25, 146, 162, 209

감독 학습 24-25, 209

감성 지능 179-180

감정 편식 183-184

감리 198-199

개인의 서사(personal story) 82

경량화 50-51, 169

고위험 분야(High Risk) 65

공공분야 인공지능 수요 창출 67

공유지 사용권 139

굿모닝 미스터 오웰 95

굿모닝 미스터 지드래곤 94

기가 팩토리 130

기본소득 184-185, 214

기술 문해력 179-180

기술 봉건주의(Techno-Feudalism) 214

기술 시연회 88

기억력 감퇴 74-75

기호주의 25-27, 209

나다움 180-181, 187

네오 감마 114-115

네크로보틱스(necrobotics) 118

노동의 해방 173, 185-187

노벨화학상 59

노엄 촘스키(Noam Chomsky) 211

뉴럴링크(Neuralink) 81-82, 118

데이터 교란 152

데이터 엘리베이터 36, 42

데이터 증폭 123

데이터 주권 45, 154

데이터 합성 123

디코이(Decoy) 152

디지털 문해력 69

디스토피아 8-9, 176, 210

딥러닝 21-22, 174

딥시크(DeepSeek) 206

딸깍 출판 102

라이다(LiDAR) 센서 131, 149

로봇 산업 생태계 126

로봇 청소기 108

로열티 70

러시아-우크라이나 전쟁 129-130, 143, 145, 153

매개변수 47, 207

메타 프롬프트 200

모라벡의 역설 28-29

모방 학습 22, 25, 122, 209

무감독 학습 22-24, 166, 209

무어의 법칙 43-44

물상과학(physical sciences) 169-170

미디어 아트 88-89, 95

미드저니(Midjourney) 91-92

미사일 발사 145-146, 151

미사일 방어 보드게임 136

미학적 태도 88, 94

바이든 행정명령 66

바이브 코딩(Vibe Coding) 178

배터리 109, 120, 125-126

범용 기계(General Purpose Machine) 124-125

베타 세대 214

병목 현상 5, 35

보상의 분배 134

부동산 입지 분석 150

불쾌한 골짜기(Uncanny Valley) 80-81

비판적 사유 97-98

사회 계약 184-185

사회적 뇌(social brain) 76

삼성전자 43

생각의 꼬리 물기(Chain of Thought, CoT) 206

센서 28, 49, 125-126, 131

설계력 190

설명 가능한 AI(XAI) 68-69, 83, 160, 167

소버린 AI 45

솔로프리너(Solopreneur) 193, 201-202

수학적 원리 162

순방향 과정(forward process) 163-164

슈퍼 개인(Super Individual) 193

스마트 안경 74-76, 169

스타링크(Starlink) 153

시뮬레이터 123-124

신경망(neural network) 22-23, 27, 73, 79, 82

아부하는 AI 현상(Sycophantic AI behavior) 61

압축 친화적인 반도체 51

액추에이터(Actuator) 120, 125

알파 세대 214

알파고 21, 204

알파어스(AlphaEarth) 148

알파폴드(AlphaFold) 59, 160

앨런 튜링 20, 29-30

어텐션 스코어(Attention Score) 39

에스아이에이(SIA, 위성 영상 AI 분석 기업) 145-147

엔비디아 44-45, 165, 169

엔트로피 법칙 163-164

엘리큐(ElliQ) 56-58

역동주의 25-29, 32

역방향 과정(reverse process) 163

역지사지 132, 135, 140

연결주의 25-27, 209

온디바이스 AI 153, 169

옵티머스 107, 109

와해적 기술(Disruptive Technology) 173, 177-178

유럽연합 인공지능법(EU AI Act) 64-66

유방암 진단(정상 조직 학습) 161

유진 구스트만(Eugene Goostman) 29

유토피아 8-9, 176

인간적 소통 183

인공지능 기본법 66-67, 103

인공지능 취약계층 접근성 보장 67

인쇄술 94

일화 기억(episodic memory) 83

일잘러 188-170, 198

자가 학습(self-improving) 162

자동 방법 장치 195

자연어 73, 178

자의식 117

자유의지 207, 211, 251-217

저작권 64, 69-70, 86, 98-101

저작재산권 99-100

저작 편집권 101

제로베이스 룰(Zero-base rule) 62

제러미 리프킨(Jeremy Rifkin)《노동의 종말》176

제이슨 앨런(Jason Allen) 91-93

제한된 합리성(bounded rationality) 132-133

제프리 힌턴(Geoffrey Hinton) 203, 207-208, 213

정책 함수(Policy Function) 135

정지궤도 위성 150

존-딜런 헤인즈 연구팀 215

주의 기전 74

지시력 190

질문력 190

창발적 현상 206-207

창의성 75, 77, 79-80, 86, 95, 101, 180,

182

창의적 기획력 179-180

첵스에이전트(CheXagent) 160-161, 166

챗봇 차이(Chai) 60

초저궤도 위성 155

초지능(Superintelligence) 32, 83, 206,
210

코딩 교육 178

테슬라 107, 109-110

토큰세(Token Tax) 185

토머스 쿤(Thomas Kuhn) 173, 177

토털 튜링 테스트(Total Turing Test) 30-31

튜링 테스트 20, 29-30, 32

폰 노이만 아키텍처(Von Neumann
Architecture) 35

폰셋(PhoneSats) 156

프롬프트 록 40

프롬프트 엔지니어링 189

프리트비-EO(Prithvi-EO) 148

퓨 리서치 센터 8

피규어 112

피지컬 AI 5, 28, 41, 103, 120, 123-124,
126

할리우드 작가 파업 99

할루시네이션(환각) 40, 61, 166-167, 206

허버트 사이먼(Herbert Alexander Simon)
132-133

행렬 수학 34

협력 지능 128, 131, 140

호모 루덴스(Homo Ludens) 181

활성 위성 143, 145

황의 법칙(황창규) 43-44

황의 법칙(젠슨 황) 43-44

이미지 출처

1장
30쪽 위키미디어 커먼즈 https://commons.wikimedia.org/wiki/File:Alan_Turing_(1951)_(crop).jpg

31쪽 TESLA CAR WORLD https://www.youtube.com/watch?v=MsNBg4ufTYw

2장
37쪽 하단 SK하이닉스 공식 유튜브 채널 https://www.youtube.com/watch?v=18TCzMJio3A&list=PLAbU_lfnifpOOCLB_Nfb1Dzg-jBFb5XJO&t=4s

42쪽 SK하이닉스 공식 유튜브 채널 링크는 위와 동일

3장
57쪽 상단 Obscure Nerd VR https://www.youtube.com/watch?v=SJS3tU9X7Gs

　　　하단 인튜이션 로보틱스 엘리큐 https://www.youtube.com/watch?v=I6xwfH6QPpA

59쪽 구글 딥마인드 https://www.youtube.com/watch?v=gg7WjuFs8F4&t=345s

4장
72쪽 KBSN 제작 이미지

76쪽 Google https://www.youtube.com/watch?v=o8NiE3XMPrM

82쪽 뉴럴링크

5장
91쪽 위키미디어 커먼즈 https://commons.wikimedia.org/wiki/File:Th%C3%A9%C3%A2tre_D%E2%80%99op%C3%A9ra_Spatial.jpg

92쪽 미드저니 https://www.midjourney.com

97쪽 위키미디어 커먼즈 https://commons.wikimedia.org/wiki/File:Leonardo_da_Vinci_-_presumed_self-portrait_-_WGA12798.jpg

6장
109쪽 Engineered Arts https://www.youtube.com/watch?v=IPukuYb9xWw

111쪽 위키피디아 https://en.wikipedia.org/wiki/Honda_P_series

115쪽 상단 1X https://www.youtube.com/watch?v=uVcBa6NXAbk

　　　하단 VIEW CORPORATION https://www.youtube.com/watch?v=mJDf1GXaF-w&t=1s

124쪽 에이로봇

7장

129쪽   envato

133쪽   위키미디어 커먼즈 https://commons.wikimedia.org/wiki/
         File:Herbert_Simon,_RIT_NandE_Vol13Num11_1981_Mar19_Complete.jpg

137쪽   AI토피아

8장

144쪽   프랑스 텔레비지옹(프랑스 공영방송)

145쪽   구글

147쪽   (주)에스아이에이(SI Analytics, SIA)

148쪽   구글 딥마인드 https://deepmind.google/blog/alphaearth-foundations-helps-map-
         our-planet-in-unprecedented-detail/

154쪽   envato

9장

161쪽   깃허브 https://github.com/Stanford-AIMI/CheXagent/blob/main/assets/
         chexagent_intro.gif

165쪽   엔비디아 https://developer.nvidia.com/blog/improving-diffusion-models-as-an-
         alternative-to-gans-part-2/

167쪽   마이크로소프트 https://techcommunity.microsoft.com/blog/azure-ai-foundry-
         blog/announcing-healthcare-ai-models-in-azure-ai-model-catalog/4282460

10장

175쪽   envato

183쪽   envato

186쪽   envato

11장

194쪽   envato

12장

205쪽   AI Revolution

208쪽   위 노벨상 유튜브 https://www.youtube.com/watch?v=6-A4dUowT4Q&t=13s
         아래 노벨상 홈페이지 https://www.nobelprize.org/prizes/physics/2024/summary

213쪽   envato

AI토피아

지금을 살아가기 위한 최소한의 AI지식

초판 1쇄 발행 2026년 4월 15일

글 KBS N 〈AI토피아〉 제작진

펴낸이 김정희
편집 윤정아
디자인 강경신디자인

펴낸곳 노르웨이숲
출판신고 2021년 9월 3일 제 2022-000108호
주소 서울시 마포구 신촌로2길 19, 302호

블로그 blog.naver.com/norway12345
이메일 norway12345@naver.com
인스타그램 @norw.egian_book

ISBN 979-11-93865-23-1 (03300)